G Bornhak

Das Gudrunlied

G Bornhak

Das Gudrunlied

ISBN/EAN: 9783743307667

Hergestellt in Europa, USA, Kanada, Australien, Japan

Cover: Foto ©ninafisch / pixelio.de

Manufactured and distributed by brebook publishing software (www.brebook.com)

G Bornhak

Das Gudrunlied

Teubner's Sammlung deutscher Dicht- und Schriftwerke für höhere Töchterschulen

unter Mitwirkung von

Dr. **Baumann**, Lehrer an der Viktoriaschule, Prof. Dr. **Hamann**, Direktor der Dorotheenschule, Prof. **Hofmeister**, Oberlehrer an der Charlottenschule, Dr. **Staedler**, Oberlehrer an der Margaretenschule, und **Wetzel**, Oberlehrer an der Luisenschule, sämtlich in Berlin,

herausgegeben

von

Professor Dr. **Bornhak**,
Oberlehrer an der Königl. Elisabethschule zu Berlin.

Der Zweck dieser Ausgaben ist, den am 31. Mai 1894 erlassenen preußischen Bestimmungen für die höheren Mädchenschulen gerecht zu werden. Die Forderung, daß der litterarhistorische Unterricht an die Lektüre angeschlossen werde, läßt sich erfahrungsmäßig durch ein Lesebuch nicht erreichen. Ebensowenig können die Ausgaben klassischer Dichtwerke, welche für Knabenschulen veranstaltet worden sind, den Zwecken der höheren Mädchenschulen genügen. Denn selbst wenn die eine oder die andere dieser Ausgaben paßt, genügt doch die große Mehrzahl nicht, da Zweck und Methode beider Schulen zu verschieden geartet sind.

In die Sammlung sind nur solche Werke aufgenommen, welche thatsächlich in den verschiedenen Berliner höheren Mädchenschulen gelesen werden. Sie bieten bei umfangreicheren Werken den Hauptinhalt zur leichteren Aneignung und gewähren im Anschluß an die Lektüre durch die vorausgeschickten litterarhistorischen Einleitungen ein Mittel, den Unterricht des Lehrers, ohne demselben vorzugreifen, durch häusliche Wiederholungen zu unterstützen, und stehen in einem organischen Zusammenhange.

Die Sammlung besteht aus folgenden Werken:

Das **Nibelungenlied**, übersetzt und bearbeitet von Prof. Dr. Bornhak. Geb. 80 Pf.

Das **Gudrunlied**, bearbeitet und übersetzt von Prof. Dr. Bornhak. Geb. 80 Pf.

Wolframs **von Eschenbach** Parzival, bearbeitet und übersetzt von Prof. Dr. Bornhak. . . . . Geb. 80 Pf.

Hartmanns **von Aue** armer Heinrich, übersetzt und bearbeitet von Prof. Dr. Bornhak. . . . . Geb. 60 Pf.

Einleitung.

Das Gudrunlied ist das zweite deutsche Volksepos, das uns außer dem Nibelungenliede erhalten ist. Wie bei diesem ging auch bei jenem der Kern des Stoffes von der altgermanischen Göttersage aus, mit welcher sich später gewisse Abenteuer und Kämpfe der seeräuberischen Normannen, Dänen und Friesen verbanden. Das Alter der Geschichte bezeugt die jüngere Edda, eine altnordische Sagensammlung, die von dem Raub Hildes, Hagens Tochter, berichtet. Eine weitere Umgestaltung erhielt der ursprüngliche Stoff durch die Einfügung von Schilderungen der Sitten und Zustände, die im 12. Jahrh. herrschten, in der Zeit des letzten Überarbeiters, dessen Werk uns allein überliefert ist.

Während das Land an Rhein, Donau und Ungarn der Schauplatz des Nibelungenliedes ist, geschahen die Thaten des Gudrunliedes an den Gestaden der Nordsee, und es handelt sich in den drei Abschnitten des Gedichtes um den Raub von Jungfrauen, die ihrer Befreiung harren. Es ist dies ein neuer Beweis für diese Sagenbildung, wie man ältere Stoffe mit späteren, Verwandtes mit Verwandtem zu verbinden suchte. Im Nibelungen= wie im Gudrunliede wird die unbeugsame Treue der deutschen Frauen verherrlicht. Denn wie Kriemhild ihrem Gatten Siegfried die Treue bis über das Grab hinaus bewahrt und sich mit dem Hunnenkönig Etzel vermählt, um Siegfrieds Tod rächen zu können, so bewahrt Gudrun ihrem Verlobten trotz aller Schmach und Pein, die sie dreizehn Jahre zu erdulden hat, das ge=

gebene Wort. Aber während jene sehnsüchtig die Zeit der
Rache erwartet, harrt diese in Geduld entweder des erlösen=
den Todes oder der Befreiung; und während jene nicht eher
ruht, als bis alle ihre Feinde vernichtet sind, übt diese keine
Rache, sondern schafft Frieden und Versöhnung unter den
bisherigen Feinden. Gudrun zeigt einen Adel weiblicher
Gesinnung, wie er uns in keinem andern Epos jener Zeit
entgegen tritt. Von reiner Liebe und Treue zu ihrem Ver=
lobten erfüllt, erduldet sie eine dreizehnjährige Gefangen=
schaft und erfährt eine schmachvolle Behandlung, von der
sie sich sofort befreien und Königin der Normandie werden
könnte, wenn sie die gelobte Treue brechen und Hartmuts
Gemahlin werden wollte. Man hat deshalb das Nibelungen=
lied mit der griechischen Ilias, das Gudrunlied mit der
griechischen Odyssee verglichen. Denn während es sich in
jenen beiden um einen Rachekrieg handelte, zeigen uns diese
das treue Dulden einer Frau, der Penelope und Gudrun,
welche den Sieg davon tragen. Es ist ein charakteristischer
Zug unter den Dichtern jener Zeit, nicht bloß die Schön=
heit, sondern auch die Treue der Frauen zu verherrlichen,
und deshalb hat Uhland mit Recht die Frauen „des alten
Liedes Licht" genannt.

Das Gudrunlied ist wie das Nibelungenlied uns erst
in einer späteren Überarbeitung überliefert worden. Es war
vom Norden nach dem Süden durch die fahrenden Sänger
gebracht worden und wurde von einem österreichischen Dichter
am Ende des 12. Jahrh. bearbeitet. Derselbe behielt nicht
die altepischen Versmaße bei, sondern bildete eine besondere,
kunstvolle Strophe, wobei er von der Nibelungenstrophe aus=
ging. Aber während in der Nibelungenstrophe nur der
männliche Reim vorherrscht, findet sich in der Gudrunstrophe
in der dritten und vierten Zeile regelmäßig der weibliche
Reim. Dabei braucht er mit Vorliebe den Binnenreim und
wendet statt des Endreims die Assonanz oft an (den Gleich=
laut der Vokale, nicht aber der Konsonanten), die schon im
13. Jahrh. nicht mehr bei den Dichtern gestattet war. Auch

kommen neben der Gudrunstrophe Nibelungenstrophen vor, ein Beweis, daß der Dichter vom Bau derselben ausgegangen ist.

Die Gudrunstrophe besteht aus vier Verszeilen, in deren Mitte sich die Cäsur befindet, welche die Langzeile in zwei Kurzzeilen teilt. Jede Kurzzeile hat drei Hebungen, die letzte deren fünf, während die Nibelungenstrophe deren nur vier hat. Die ersten beiden Reimpaare der Strophen haben stumpfen oder einsilbigen Reim, die letzten beiden Reimpaare klingenden oder zweisilbigen Reim.

Obgleich das Gudrunlied im 13. Jahrh. im südlichen Deutschland wohl bekannt war und von verschiedenen Dichtern erwähnt wird, wie von Lamprecht in seinem „Alexander", im „Wartburgkrieg" u. a., so trat doch bald die niederdeutsche Sage von Gudrun noch mehr in den Hintergrund als die hochdeutsche Sage von Kriemhild, weil diese mehr Beziehungen zu Hochdeutschland hatte. Dazu kam die Vorliebe, welche die höfischen Dichter und ihre Kreise für aus Frankreich entlehnte epische Stoffe hegten, wie für die Sagen vom König Artus, vom heiligen Gral, von Karl dem Großen oder für die Sagen der Griechen und Römer, die gleichfalls von den Franzosen bearbeitet wurden. In ihnen war bereits das höfische oder ritterliche Leben jener Zeit stark ausgeprägt, welches sich mit den Charakteren jener altgermanischen Epen nur schwer vereinigen ließ. Aus der Geringschätzung, die man dem nationalen Epos zuteil werden ließ, erklärt sich der Mangel der Überlieferung. Das Gudrunlied ist uns in einer einzigen Handschrift erhalten, welche auf Veranlassung Kaiser Maximilians I. im Anfange des 16. Jahrh. angefertigt und im Schlosse Ambras zu Tirol aufgefunden wurde. Im Jahre 1820 ward es zum ersten Male von v. d. Hagen und Primisser durch den Druck veröffentlicht und ist seitdem noch mehrfach bearbeitet und übersetzt worden. Erst die neuere Zeit hat dieses wahrhaft große Epos wie das Nibelungenlied wieder ans Licht gezogen und seine hohe Bedeutung als Volksepos nachgewiesen und anerkannt.

Erklärung der im Gedicht vorkommenden geographischen Namen.

Abakie, Abakine, ein fabelhaftes Land im Orient.

Abalie, gleichfalls ein Land im Osten.

Alzabe, wahrscheinlich die Hauptstadt von Moorland, alle drei Siegfried gehörig, der als ein Herr von Mohren und Heiden geschildert wird, während unter Moorland wohl ursprünglich die weiten Moore an der Nordsee zu verstehen sind.

Hegelinge, Holland und Friesland, König Hettels Reich.

Karade, ein Siegfried von Moorland gehöriges Land, heute Kardigan an der Küste von Wales.

Ortland, d. i. das Land mit einer Spitze, wahrscheinlich Jütland, Ortweins Reich. Auch wird es Ortreich genannt.

Seeland, wahrscheinlich die friesischen Seelande, König Herwigs Reich.

Stürmen oder Sturmland, Wates Mark, an Herwigs Land angrenzend.

Waleis, die Uferlandschaft der Waal, das Lehen Morungs.

Wülpensand, eine Insel in der Scheldemündung, daher auch Wülpenwerder genannt.

I. Geschichte von Gudruns Großeltern und Eltern.

1. Der Großvater der Gudrun, Hagen von Irland, wurde seinem Vater Siegeband, als er ein großes Kampfspiel veranstaltet hatte, von einem Greifen, einem fabelhaften Raubvogel, den er selbst auferzogen, geraubt und in das Nest seiner Jungen getragen. Einer der jungen Greifen flog mit Hagen, um ihn zu zerreißen, auf den Ast eines Baumes, der von der Schwere der Last brach. Hagen stürzte herab und verbarg sich in dem Gestrüpp, der Greif aber flog davon. Dasselbe Schicksal hatten drei Königstöchter erfahren, die auch von dem Greifen geraubt worden waren, sich befreit hatten und in einer Grotte verbargen. Als sie Hagen sahen und seine Geschichte hörten, nahmen sie sich seiner als eines Unglücksgefährten an und versorgten ihn. Da geschah es, daß am Meeresufer ein Schiff von Kreuzfahrern strandete. Hagen eilte nach dem Ufer und rüstete sich mit den Waffen eines Ertrunkenen aus. Als die Greifen herbeiflogen, um sich seiner wieder zu bemächtigen, erschlug er sie alle. Nun ging er auch auf die Jagd und erlegte eines Tages ein wildes Tier, dessen Blut er trank, wovon er die Stärke von zwölf Männern gewann; das Fleisch brachte er den drei Königstöchtern, die davon aßen und dadurch ewige Kraft und Schönheit erwarben. Einst sah er ein Schiff vorüberfahren, das dem Grafen Garadie von Salme gehörte, der den Seinigen wohl bekannt, aber mit ihnen verfeindet war. Er rief es an und bat, ihn mit seinen Leidensgefährtinnen aufzunehmen. Wegen seiner Feindschaft mit Siegeband wollte Garadie den jungen Hagen als Geisel behalten; dieser wehrte sich dagegen und versprach hohen Lohn und jede Genugthuung, wenn man ihn zu seinen Eltern brächte. Mit seiner Riesenstärke überwand er die Schiffsleute und zwang sie, ihn

nach Irland zu bringen. Den Zweifel seiner Eltern, daß er ihr Kind sei, wußte er dadurch zu überwinden, daß er sie an ein kleines Kreuz erinnerte, das ihm als Kind um den Hals gehängt worden war und das er jetzt noch trug. Die Freude seiner Eltern war groß; Siegeband machte alsbald seinen Sohn Hagen wehrhaft und übertrug ihm sein Reich; er aber vermählte sich mit Hilde von Indien, einer von den Königstöchtern, die von dem Greifen geraubt und mit ihm zugleich nach Irland gekommen waren. Die Tochter von ihnen, nach der Mutter Hilde (von Irland) genannt, erblühte zur schönsten Jungfrau und lockte viele Freier herbei, die aber Hagen alle wegen ihrer Werbung töten ließ. Da beschloß ein edler König, Hettel von Hegelingenland (von Dänemark und Friesland), um Hilde von Irland zu werben.

2. Hettel hatte tapfere und kluge Vasallen, unter denen besonders seine Vettern, Wate der Streitbare, Horand der Sänger und Frute der Kluge hervorragten. Da die Werbung so gefährlich war, so wurde auf Frutes Rat beschlossen, daß die Hegelingen als Handelsleute nach Irland fahren und mit List die Hilde nach dem Hegelingenlande entführen sollten. Als sie am Strand von Irland angekommen waren, überreichten sie Hagen reiche Geschenke und baten ihn, da sie von ihrem König Hettel verbannt worden seien, um gastliche Aufnahme, die ihnen auch gewährt wurde. Eines Abends sang Horand so schön, daß die Vögel schwiegen und die Königin Hilde und ihre Tochter ihn baten, zu ihnen zu kommen und vor ihnen zu singen. Am andern Abend bat ihn die junge Hilde, zu ihr zu kommen und vor ihr allein zu singen. Bei dieser Gelegenheit brachte Horand seines Herrn Werbung an und fand Erhörung. Es ward verabredet, daß die Gäste Hagen melden sollten, Hettel habe sich mit ihnen versöhnt und sie dürften nach dem Hegelingenlande zurückkehren. Beim Abschied wollten sie Hagen bitten, mit seiner Gemahlin und Tochter nach den Schiffen zu kommen, um sich die vorhandenen Kostbarkeiten anzusehen. Hagen erfüllte diesen Wunsch. Während Hagen mit seinem Gefolge die Waren

am Strande musterte, waren die Frauen in die Schiffe gestiegen, um das Innere derselben zu besehen. Bei dieser Gelegenheit fuhren die Hegelingen mit der jungen Hilde davon und spotteten des ohnmächtigen Zornes von Hagen, der auf solche Hinterlist nicht gerüstet war. Alle Schiffe waren leck; es mußten neue gebaut werden. Dann setzte Hagen den Flüchtigen mit dreitausend Mann nach. Hettel, dem man die glückliche Entführung gemeldet, war der Hilde entgegengefahren, aber auch Hagen war erschienen und am Strande von Waleis (an der Waal) trafen sich die Gegner. Nach einem hartnäckigen Kampf bot Hettel Frieden an, der von Hagen angenommen wurde, da er erfuhr, daß seine Tochter eine reiche und mächtige Königin werden sollte. Er folgte ihr nach dem Hegelingenlande, wo er Zeuge der Ehren wurde, die ihr bei der Krönung erwiesen wurden. Befriedigt darüber kehrte er nach Irland zu seiner Gemahlin zurück. Hettels und Hildes Ehe ward durch die Geburt zweier Kinder gesegnet, eines Sohnes Ortwein, der zu einem trefflichen Ritter, und einer Tochter Gudrun, die zu einer schönen Jungfrau heranwuchs und viele Freier herbeizog, die aber von Hettel alle abgewiesen wurden. Einer derselben, König Siegfried von Mooreland (einer Moorgegend an der Nordsee), bedrohte deshalb Hettel mit Krieg.

II. Gudruns Verlobung.

Da hörte man die Kunde in der Normannen Land,
Daß keine wäre schöner von allen je erkannt,
Als König Hettels Tochter, die schöne Gudrun hehr;
Ein König, namens Hartmut, zu ihr in Lieb' entflammte sehr.

Das riet ihm seine Mutter, die Königin Gerlind,
Es folgte ihrer Lehre der junge Vogt geschwind.
Sein Vater der hieß Ludwig von dem Normannenlande;
Da's nun beschlossen wurde, man nach dem alten König alsbald sandte.

Herr Ludewig der alte hin zu Hartmuten ritt;
Was der von ihm begehrte, das teilte er ihm mit.
Als er gehört die Kunde von seinem Sohn Hartmut,
Geriet er sehr in Sorge; doch rühmt' sie ihm der Degen gut.

„Wer sagt euch denn," sagt Ludwig, „daß sie so schöne sei,
Wär' sie von allen Landen die Herrin, nahe bei
Wohnt sie nicht unsren Landen, zu können um sie werben.
Es könnten unsre Boten indes durch ihre Liebe leicht ver=
derben."

„Es soll nicht sein so ferne," erwidert' ihm Hartmut,
„Wenn irgendwo ausharrend um Leben und um Gut
Ein Landesherr geht werben, das dauert bis ans Ende.
Drum folget meinem Rate; ich wünsche, daß man Boten zu
ihr sende."

Da sprach die alte Gerlind von dem Normannenland:
„Nun lasset Briefe schreiben, denn Geld und reich Gewand
Geb' ich den Boten gerne, die solche Kunde bringen.
Man muß den Weg erforschen, um zu Gudrun, der Königin,
zu bringen."

Da sprach der König Ludwig: „Ist dir denn nicht bekannt,
Wie ihre Mutter Hilde gekommen aus Irland?
Und was den guten Recken auf ihrer Fahrt geschah?
Das Volk ist übermütig; Gudruns Verwandten stehn wir ver=
achtet da."

Drauf sagte aber Hartmut: „Wenn ich ein großes Heer
Um sie hinführen sollte wohl über Land und Meer,
Thät' ich's von ganzem Herzen. Das habe ich im Sinne,
Ich lasse davon nimmer, bis Hildens Tochter ich gewinne."

„Gern will ich dazu helfen," sprach Ludewig der Degen.
„Laßt euch daran genügen, daß ich auf jenen Wegen
Beladen voller Silber zwölf Saumrosse hinsende,
Daß dann zu unsrer Ehre sich der Bescheid wohl sanfter wende."

Drauf wählte König Hartmut aus seinem ganzen Bann,
Um sie zur Frau zu senden, sich sechzig tapfre Mann.
Die wurden ausgerüstet mit Kleidung und mit Speise
Und wohl geleitet. König Ludwig, der alte, der war weise.

Als sie gerüstet waren mit dem, was man erseh'n,
Mit Briefen wohl versiegelt, sah man zu ihnen geh'n
Den tapfern König Hartmut und Königin Gerlinde.
Sie sandten von dem Lande gar balde aus das stolze In=
gesinde.

Sie ritten, was sie konnten, vom Dunkel bis zum Tagen,
Bis daß sie aufgefunden, wo sie es sollten sagen,
Daß sie als Boten kämen aus dem Normannenlande.
Indessen seine Sinne Hartmut von Lieb' zu Schmerzen wandte.

Sie weiter zu geleiten befahl darauf Horand
Die heimatlosen Gäste heraus aus Dänenland,
Bis die Verwandten Hartmuts soweit zurecht gewiesen,
Daß sie zu Hofe kämen. Sie ließen sich die Mühe nicht
verdrießen.

Als man zu Hegelingen die Boten kommen sah,
Wie stattlich sie da gingen, ein jeglicher sprach da,
Daß sie sehr reich sein müßten, von wo sie kommen wären.
Der König sollte alsbald noch viel Genaueres von ihnen hören.

Geherbergt wurden alle die vom Normannenland,
Zu ihrem Dienst befahl man sorgfältig sein zur Hand;
Nicht wußt' er, was sie suchten in diesem seinen Lande.
Erst an dem zwölften Morgen der König nach Hartmutens
Boten sandte.

Der Wirt begrüßt' sie freundlich und ebenso sein Bann.
Der Lohn ward ihnen später, als er sich drauf besann,
Daß sie zur Werbung kämen, da hat man sie verschmäht,
Ich wähn', der König Hettel Hartmut nicht guten Willen
zugesteht.

Da sprach der König Hettel: „Es kam euch nicht zu gut,
Daß euch hierher gesandt hat der König Hartmut,
Das müßt ihr nun entgelten, ihr guten Boten hehr,
Denn das Begehren Hartmuts schmerzt mich und auch Frau
                                                    Hilde sehr."

Frau Hilde sprach zu ihnen: „Wie kommt das Hartmut bei?
Es lieh mein Vater Hagen einst hundert und auch drei
Der Burgen seinem Vater im Garadinerland.
Mit Schande müßten nehmen die Lehn Verwandte mein von
                                                    Ludwigs Hand.

Verkündet drum Hartmuten: Sie wird niemals sein Weib,
Damit der Held, der gute, niemals mehr seinen Leib
Nur darum rühmen möchte, daß Gudrun ihn noch minne.
Beratet ihn drum anders, wo er gelangt zu einer Königinne."

Sehr leid war es den Boten und ihnen mißfiel sehr,
Daß sie so manche Meile in Schande und Beschwer
Zurücke reiten mußten zur Normandie so fern.
Gar sehr erschraken über verlor'ne Müh' Ludwig und Hartmut,
                                                    die Herrn.

Da sprach der junge Hartmut: „Könnt ihr mir das gestehen,
Ob ihr den Sprößling Hagens habt irgendwo gesehen?
Ist Gudrun denn so schöne, wie man mir sagt zur Frist,
Mag Gott den Hettel schlagen, daß er so bös gesinnt mir ist."

Ein reicher Graf erwidert': „Ich kann es euch wohl sagen,
Wer nur gesehn die Schöne, dem muß sie wohl behagen,
Zu preisen ihre Tugend vor Mädchen und vor Weiben."
Da sprach der Herre Hartmut: „So will ich ohne sie nicht
                                                    bleiben."

Da klagete und weinte die Königin Gerlind,
Sie sprach in jener Stunde: „O weh, viel liebes Kind,
Daß wir je unsre Boten von hinnen nach ihr sandten!
Wie gern ich das erlebte, sie noch zu sehn in diesen Landen!"

II. Gudruns Verlobung.

Sie ließen ihre Botschaft nun ruhen manches Jahr,
Da kam die neue Kunde, die Nachricht ist ganz wahr,
Von einem jungen König, er war Herwig geheißen,
Den Recken man erkennet, daß man ihn sehr oft hörte preisen.

Da fing er an zu werben, ob ihn die schöne Maid
Zum Freunde wollte nehmen, mit Müh' und vieler Zeit
Versuchte er's gar ofte und auch mit seinem Gut,
Ob es die Jungfrau thäte; das war dem König Hettel nicht
zu Mut.

Wie sich der Held verhielt auch, wieviel mit Fährlichkeit
Er Boten auch ließ reiten, es war ihm grimmig leid.
Drum war sein stolzes Herze belastet mit Beschwer.
Ganz ähnlich sah er dem nur, der gerne bei Gudrunen wär'.

Es hatte sich gefüget, wie es auch war geschehn,
Daß zu den Hegelingen nun mußten kommen sehn
Die Ritter und die Mädchen und auch die schönen Frauen
Den stolzen König Hartmut; doch mocht' sich dessen Hettel nicht
getrauen.

Nach der sein Herz begehrte, hatt' Hartmut nun gesehen,
Verstohl'ner Blick der Augen war da schon viel geschehen.
Er sandt' ihr heimlich Botschaft, daß sie gar bald erkannte,
Daß er geheißen Hartmut und wäre vom Normannenlande.

Sie ließ dem Degen wissen, daß es ihr wäre leid,
Da sie ihm wohl vergönnte zu leben, die hehre Maid,
Daß er entfliehen sollte und eilen flugs von dannen,
Wenn er noch wollte leben vor Hettel und vor allen seinen
Mannen.

Sie sah ihn schön und edel, wozu das Herz ihr riet,
Ob auch sein Bote schimpflich aus ihrem Lande schied.
Sie war ihm dennoch gnädig, nach der sein Herz begehrte,
Obgleich sie seinem Wunsche in keiner Weise was gewährte.

Vom Hegelingenlande schied so der Held Hartmut,
Gewiß war sein Verlangen so übel als auch gut,
Wie er vollführen könnte sein Werben nach der Frauen.
Ihm wurden darum später nach ihrem Wunsch viel Helme
zerhauen.

Als er im Heimatlande nun langte wieder an
Bei Vater und bei Mutter, zu rüsten sich begann
Zu dem Entscheidungskampfe Hartmut in grimmem Sinn,
Zu allen Zeiten riet ihm dazu Gerlind, die alte Teufelin.

Doch lassen wir's bewenden, wie es ihm auch ergeh'.
Dem kühnen Recken Herwig war ebenso sehr weh
Im Herzen als Herrn Hartmut nach Frau Gudrun, der reichen.
Mit allen ihm Verwandten versucht' er sehr, die Jungfrau
zu erreichen.

Er war ihr nächster Nachbar, ganz nahe lag sein Land.
Doch hatt' er tausend Male des Tags zu ihr gesandt,
So fand er doch nichts anders als Hoffart und Verschmähn.
Wie sehr sie's ihm auch wehrten, er sollt' sie später dennoch
bei sich sehn.

Herr Hettel bat ihn, nicht mehr zu werben um sein Kind.
Er ließ dem König melden in Zornesmut geschwind,
Davon würd' er nicht lassen, er würd' ihn sehn mit Schilden,
Und zwar zu seinem Schaden und auch der Königin, Frau
Hilden.

Mir unbewußt ist, wer ihm das riet, dreitausend Mann,
Die er zu Freunden hatte, Herwig für sich gewann.
Damit erregt' er Leiden dort bei den Hegelingen,
Die er auf alle Weise zu seiner Liebe wollte zwingen.

Als Hettel es erfahren, daß er mit seiner Schar
Schon ohne Furcht heranzog und unterwegens war,
Da sagt' er's seinen Mannen und auch der Königin.
Er sprach: „Was sagt ihr dazu? Man bringt uns Gäste nach
unsrem Hause hin."

II. Gudruns Verlobung.

„Was soll ich dazu sagen, und ist es denn nicht gut?
Ich find' es recht und billig, wenn das ein Ritter thut,
Sei's auch mit Lieb' und Leide, was man mit Ehren preist.
Wie könnt' ihm das mißlingen? Herwig hat einen biedern,
    klugen Geist."

Zum Teil schon gar zu lange der König und sein Bann
Sich säumig da erwiesen; Herwig den Kampf begann.
An einem kühlen Morgen war er und seine Gäste
Vor Hettels Burg gekommen. Er that im Streit seither das
    Allerbeste.

Noch schliefen alle Recken in König Hettels Saal,
Da rief der Wächter draußen sehr laut mit einem Mal:
„Steht alle auf im Hause, wir haben fremde Gäste,
Ich sehe Helme leuchten, drum waffnet euch, ihr Helden, auf
    das Beste."

Sie sprangen aus den Betten und lagen da nicht mehr,
Wer auch darinnen war noch, ob unfrei oder hehr,
Der mußte Sorge tragen um Ehre und den Leib.
In solchem harten Kampfe warb König Herwig um sein Weib.

Da sah ihn Hettel bringen gewaltig bis zum Thor.
Fürwahr, er wäre ungern gewesen dort davor
Der Vater der Frau Gudrun, wie kühn er sonst auch war.
Er zürnt' den bösen Gästen. Zu Hilfe kam ihm seine
    Bürgerschar.

Gewaffnet waren drinnen einhundert oder mehr.
Der Wirt, der kämpfte selber und that's nach Wunsche sehr.
Das Volk war zu verwegen, das hinderte ihn nicht.
Man litt da großen Schaden, den Herwig König Hettel
    angericht'.

Gar oft schlug aus den Helmen den feuerheißen Wind
Der kühne Recke Herwig. Das sah des Wirtes Kind,
Die edle, schöne Gudrun; es war ihr Augenweide.
Der Held erschien ihr tapfer; das bracht' ihr beides, Liebe
    und auch Leide.

Da sprangen Hettel und Herwig heran vor ihrem Bann,
Die guten, tapfern Ritter. Zu leuchten da begann
Die Flamm' aus dem Gespänge, das war in ihrer Hand.
Es währte auch nicht lange, so hatten sich die Helden wohl
erkannt.

Als nun der König Hettel so recht den Kühnen sah,
Den stolzen König Herwig, im Kampfe sprach er da:
„Die mir den tapfern Recken bisher mißgönnt als Freund,
Nicht kannten sie ihn. Jetzt nun haut tiefe Wunden er durch's
Fleisch als Feind.'.

Hin sah die schöne Gudrun und hört' den Waffenschall.
Das Glück ist rund und dreht sich oft gerade wie ein Ball.
Da nun die Frau nicht anders die Kämpfer konnte scheiden,
Dem Vater und dem Gaste sie wünscht', was in den Sinn kam
ihnen beiden,

Begann sie drauf zu rufen zu ihm und durch den Saal:
„O Hettel, hehrer Vater, es fließt ja überall
Das Blut schon durch die Rüstung, davon die Mauern sind
Bespritzet allenthalben. Denn Herwig und die Seinen schlimme
Nachbarn sind.

Nach meinem Wunsche schließet jetzt Frieden nach den
Schmerzen,
Und schaffet eine Weile den Gliedern wie dem Herzen
Erholung nach dem Streite, bis ich euch beide frage,
Damit mir dann Fürst Herwig die besten seiner Verwandten
sage."

Da sprach der edle Ritter: „Kein Friede wird gescheh'n,
Wenn ihr nicht ungewaffnet mich laßt zu euch, Frau, geh'n.
Dann will ich von Verwandten, den besten mein, euch sagen.
Hab' ich die Zeit nur Frieden, so mögt ihr mich nach Wunsche
immer fragen."

II. Gudruns Verlobung.

So war durch Frauenliebe geschieden dieser Streit.
Sie zogen ab die Rüstung die kampfesmüden Leut'.
Sie wuschen rein am Brunnen vom Schmutz sich säuberlich.
Sie waren schön zu schau'n nun. Man konnte ihnen gönnen das
Leben sicherlich.

Mit hundert seiner Helden ging er hin, wo er fand,
Entzweit in ihrem Sinne von Hegelingenland
Die schöne Gudrun, die ihn empfing mit andern Frauen.
Der edle, gute Ritter vermocht' nicht völlig ihnen zu ver=
trauen.

Die Gäste hieß drauf sitzen das anmutreiche Kind,
Durch Heldenmut war Herwig ihr so beliebt geschwind,
Durch seinen hohen Anstand gefiel er ihnen beiden,
Frau Hilden und der Tochter; drum riet man, ohn' Verzug sich
zu entscheiden.

Herwig sprach zur Frau Gudrun: „Mir ist nur das gesagt,
Wenn es euch auch betrübet, daß ich den Kampf gewagt,
Daß ich euch niedrig scheine durch mein gering Geschlecht.
Oft kamen reiche Leute bei armen erst zu hoher Wonne recht."

Sie sagte: „Welche Frau wohl gäb's, die verschmähte das,
Wenn ihr ein Held so diente, daß sie ihm trüge Haß?
Drum glaubt mir," sprach da Gudrun, „ich würd' euch nicht
verschmäh'n,
So wohl geneigt als ich euch, habt keine Maid ihr jemals
schon geseh'n.

Wenn mir es gönnen wollten die nächsten Freunde mein,
Wollt' ich nach eurem Wunsche wohl immer bei euch sein."
Mit liebevollen Blicken er ihr in's Auge sah;
Daß sie ihn trug im Herzen, das sagt' sie offen vor den
Leuten da.

Drum bat um die Erlaubnis, zu werben um die Maid
Der edle, kühne Recke. Es zeigten sich bereit
Herr Hettel und Frau Hilde, die wollten hören beide,
Ob ihrer Tochter lieb wär' die Werbung oder wohl gar leide.

„Geruht ihr, mich zu lieben, viel schönes Mägdelein,
Mit allen meinen Sinnen will ich bereit stets sein,
So wie ihr mir gebietet. Die Burgen und Verwandten,
Die sollen euch gehorchen, um euch gereut's mich nicht, in
meinen Landen."

Sie sprach: „Gar gern gesteh' ich, daß ich euch bleibe hold,
Du hast mir solche Dienste an diesem Tag gezollt,
Daß ich den Haß will tilgen von meinem Stamm und dir.
Niemand kann's mir verleiden. In Wonne sollst du immer
sein mit mir."

Darauf begann zu fragen auf Raten seines Bann
Der König Hettel Gudrun, ob sie zu ihrem Mann
Den Helden Herwig wollte, den edlen Ritter gut.
Da sprach die schöne Jungfrau: „Nach keinem bessern Freund
begehrt mein Mut."

Die Schöne man verlobte dem Recken noch zur Stund',
Der sie einst krönen sollte. Ihm ward von ihr bald kund
Viel Freude und Betrübnis. Daß sie ihm ward zum Weibe,
Davon geschah gar balde Unheil im Kampf viel guter Recken
Leibe.

Schon dacht' er, mitzunehmen die schöne Maid als Mann,
Doch gönnt's ihm nicht die Mutter; davon er denn gewann
Von unbekannten Recken Not und Mühseligkeiten.
Denn Hilde sprach zum König, sie wollte sie zur Krone vor=
bereiten.

Als Siegfried von der Verlobung Herwigs mit Gudrun
Kunde erhielt, beschloß er, sich zu rächen, und fiel raubend
und plündernd in dessen Land. Da sandte Herwig Boten
an Hettel und bat ihn um Hülfe. Dieser kam auch mit seinem
Heere und nun gelang es, Siegfried im Felde so zu schlagen,
daß er sich mit den Seinen in eine Burg flüchten mußte,
in der er eingeschlossen und belagert wurde. Inzwischen
hatte Hartmut Späher ausgesandt, die ihm nach ihrer Rück=

kehr mitteilten, daß Herwig von Seeland und der Hegelingen=
könig Hettel gegen Siegfried von Moorland Krieg führten.
Die Abwesenheit Hettels und Herwigs beschloß er zu benutzen,
um Gudrun mit Gewalt zu entführen, und deshalb rüstete
er und sein Vater Ludwig ein Heer zu einem Zuge in das
Hegelingenland.

III. Gudruns Entführung.

Hartmut hieß seine Boten fortreiten unverweilt.
Da ward der schönen Hilde alsbalde mitgeteilt
Und ihrer lieben Tochter, wenn es sich könnte fügen,
Thät' er für ihre Liebe, woran sie beide sollten haben Ge=
nügen.

Doch wenn sie es nicht thäte, so trüge er ihr Haß.
Daß er noch bat die Jungfrau, darum versucht' er das,
Um ohne Kampf und Streiten zu bringen in sein Land
Die schöne Jungfrau Gudrun. Darauf war Hartmuts kühner
Sinn gewandt.

Von dannen ritten eilig die Boten, es war Zeit,
Nach König Hartmuts Rate vor eine Burg gar weit,
Geheißen Matelane; Frau Hilde wohnt' darin
Und ihre schöne Tochter, Gudrun, die junge Königin.

Zwei reiche Grafen waren's, die er dorthin gesandt,
Die er mit sich gebracht hat aus dem Normannenland,
Sie sollten seine Dienste Frau Hilde fleißig sagen,
Er wollte nicht ablassen und niemals ihrem Dienste sich ent=
schlagen;

Daß sie die Maid ihm gönnte, da er die Jungfrau gut
Hoch hielt' vor allen andern (damals stand ihm der Mut
Noch sehr auf hohe Liebe), sie sollt' es wohl genießen,
Daß sie so edel wäre; ihn sollte, ihr zu dienen, nie ver=
drießen.

Und denen, die bewachten die Frau, ward angesagt,
Es hätte sich Normänn'sches Gefolge her gewagt,
Bloß um des Werbens willen, zur Burg von Matelane.
Frau Hilde hieß sie schweigen; gar sehr erschrak darob die
wohlgethane.

Die Schaffner von Frau Hilden sie machten auf das Thor,
Wer auch da angekommen, daß man ihn nicht davor
Sollt' länger stehen lassen; auf waren der Pforten Weiten.
Die Boten König Hartmuts hieß man da ein nach Matelane
reiten.

Zu sehn sie drauf begehrten des König Hettels Weib,
Die Helden es gewährten, die ihren schönen Leib
Mit Fleiß bewachen sollten zu König Hettels Ehren.
Allein ließ man sie selten, Frau Hilden und Gudrun, die
hehren.

Als nun zu Hof gekommen des König Hartmuts Bann,
Frau Hilde nun, die schöne, zu grüßen ihn begann.
Das that in hohem Sinne auch die Frau Gudrun hehr,
Die edle und die gute liebt' doch den kühnen Herwig sehr.

Wie zornig sie auch waren, alsbald man trinken hieß
Die Boten vor der Botschaft, die Hilde sitzen ließ
Vor sich und ihrer Tochter. Doch was sie jetzt hier wollten,
Das fragt' die Königin sie, denn sie es ihnen nicht verschweigen
sollten.

Nach guter, höf'scher Sitte vom Sitze bald aufstand
Das ganze Heergesinde, wie Boten wohl bekannt.
Sie sagten, was sie wollten im Hegelingenland,
Daß sie ihr König Hartmut zur schönen Gudrun bis hierher
gesandt.

Da sprach die edle Jungfrau: „Nie will ich, daß ihr seht,
Daß je der König Hartmut mir gegenüber steht
Vor unser beider Freunden und eines Königs Krone.
Geheißen ist der Herwig, dem seinen guten Willen gern ich
lohne.

III. Gudruns Entführung.

Mit ihm bin ich verlobet, zum Manne nahm ich ihn,
Und er nahm mich zum Weibe. Ich gönn' dem Recken kühn,
Was immer nur geschehen ihm könnt' zu großer Ehr'.
Mein ganzes Leben wünsch' ich mir keines andern Freundes
Liebe mehr."

Da sprach der Boten einer: „Durch uns läßt Herr Hartmut
Euch sagen, was er hoffet, und wenn ihr das nicht thut,
Daß ihr mit seinen Recken ihn seht zu Matelane
Am dritten Morgen frühe." Darüber lachte laut die wohl=
gethane.

Die Boten wollten hierauf sehr gern entlassen sein,
Die beiden reichen Grafen. Frau Hilde ließ verleihn,
Wie fremd sie ihr auch waren, doch ihnen reiche Gaben,
Die sie jedoch nicht nahmen. Sie glaubten es sehr schlau
gemacht zu haben.

Die Recken König Hettels, den Boten sagt' man das,
Die fürchteten sich gar nicht vor ihrem Zorn und Haß.
Wenn sie nicht wollten trinken des König Hettels Wein,
So würd' man ihnen schenken nur Blut ein, ihm mit samt
den Recken sein.

Drauf brachten diese Kunde die Boten zu der Statt,
Von wo sie König Hartmut erst fort zu reiten bat.
Entgegen lief er ihnen und fragte, wie's ergangen,
Ob auch die edle Gudrun mit seiner Werbung fröhlich sie
empfangen.

Der eine sprach zum Recken: „Sie ist euch drum versagt,
Weil sie schon einen Herzfreund besitzt, die schöne Magd,
Den sie von Herzen lieb hat vor allem Volk auf Erden.
Wollt ihr den Wein nicht trinken, so soll euch heißes Blut
zum Lohne werden."

„Weh über meine Schande!" sprach darauf Herr Hartmut,
„In meinem Herzen wehe mir diese Rede thut.
Nach einem bessern Freunde darf ich nun nimmer fragen,
Als der mir jetzt hilft streiten." Da sprangen auf, die am
Gestade lagen.

Herr Ludewig und Hartmut aufbrachen mit dem Heer,
Mit den entrollten Fahnen voll Zorn zog es einher.
Man sah von Matelane ihr Banner wehen fern.
Da sprach die wohlgethane: „Wohl mir, da kommt ja Hettel
und Herwig, unsre Herrn."

Bald fanden sie, es wäre des Wirtes Banner nicht.
„O weh des großen Kummers, der über uns einbricht!
Es kommen schlimme Gäste zu Gudrun, unsrer Frauen.
Man sieht noch vor dem Abend gar manchen starken Helm
verhauen."

Die Hegelingen riefen darauf Frau Hilden zu:
„Was auch hier heute Hartmut und sein Gesinde thu,
Mit tiefen Wunden woll'n wir sie hindern stets darin."
Das Burgthor hieß verschließen sofort die hehre, kluge Königin.

Da wollte ihr nicht folgen Herrn Hettels kühner Bann.
Die Wächter dieses Landes, die hießen binden an
Die Banner ihres Herren. Auf sie los aus der Feste
Gedachten Hettels Degen, zu schlagen die sehr werten Gäste.

Die Schranken, die am Thore man sollte schließen an,
Aus Übermut sie wurden nun all' beiseit' gethan.
Das Spähen König Hartmuts sie mit Verachtung sahen.
Den ersten, die eindrangen, begannen die letzten zu nahen.

Mit hocherhob'nen Schwertern fand man alsbald da vor
Wohl tausend oder noch mehr, die hielten vor dem Thor.
Da war auch kommen Hartmut mit seinen tausend Mannen;
Sie stiegen ab vom Pferde, man hieß die Rosse balde ziehn
von bannen.

III. Gudruns Entführung.

Sie trugen Lanzenschäfte mit schneidend scharfen Speeren.
Wer konnt' den Streit vermeiden? Sie huben an zu gewähren
Den stolzen Burgbewohnern gar tiefe Schmerzenswunden.
Da hat sich auch alsbalde mit seinen Helden Ludwig ein=
gefunden.

Das macht' den Frauen Sorge, als sie ihn reiten sah'n,
Als seine breiten Banner sich weit entfaltet nah'n,
Ein jedes dieser Banner wohl mit dreitausend Mannen,
Die rückten an im Zorne, wie auch die kühnen Recken schieden
von dannen.

Sie waren all' geschäftig, die dort und die auch hie,
Man sah in einem Lande wohl kühn're Recken nie,
Als diese sich erwiesen in König Hettels Haus;
Sie suchten zu verwunden und hielten's wohl mit Hartmuts
Helden aus.

Herr Ludewig der kühne, Voigt von der Normandie,
Der schlug aus Schildes Spangen so roten Schein wie nie
Mit seinem Heldenmute, den er im Busen trug.
Auch seine Kampfgenossen, die waren stark und kühn genug.

Die Burgbewohner wähnten, es sollte Friede sein,
Da brach mit seinen Helden in ihre Reihen ein
Der Vater König Hartmuts, Herr von der Normandie,
Dem Helden gönnt' er Gutes, das trat noch oft zu Tage
wie noch nie.

Den stolzen Burgbewohnern zu reuen es begann,
Daß sie den Rat verschmähten, den Hilde hatt' gethan,
Die schöne, edle Herrin, des König Hettels Weib.
Zerbroch'ne Schilde sah man und mancher Ritter auch verlor
den Leib.

Herr Ludewig und Hartmut, die waren beide kommen
Ganz nahe an einander; sie hatten wohl vernommen,
Daß man auf Rat Frau Hildens die Burg jetzt wollt' verschließen,
Vordrangen sie mit Schilden, daß in die Burg sie ihre Banner
stießen.

Wie viel man von der Mauer herwarf und nieder schoß,
Des achteten sie wenig, ihr Heldenmut war groß.
Man hielt es für geringe, was man gefallen sah,
Mit großen Felsensteinen sah man die Helden niederstrecken da.

Herr Ludewig und Hartmut, die drangen in das Thor,
Die sie zu Tod verwundet, die ließen sie davor.
Darob begann zu weinen die schöne Jungfrau sehr.
In König Hettels Burg ward des großen Schadens dann
noch mehr.

Der König der Normannen war drüber froh genug,
Daß er und auch die Seinen des Landes Waffen trug
Vor Hettels Königssaale. Hoch oben auf der Zinne
Ließ er die Fahne wehen. Drum trauerte die hehre Königinne.

Was man da fand von Leuten, die hatten trüben Mut,
Wie man auch heute thäte. Die manche Art von Gut
Da drinnen wollten rauben, die trugen's aus dem Haus.
Ihr möget's mir wohl glauben, reich wurden Hartmuts
Helden überaus.

Der schnelle Degen Hartmut nun zu Gudrunen ging,
Er sagte: „Edle Jungfrau, ich war euch stets gering.
Sollt' ich und meine Freunde es jetzt nicht auch verschmäh'n,
Daß wir hier niemand fangen? Wir möchten all' erschlagen
und auch gehangen seh'n."

Sie sagte nichts als: „Weh mir, o lieber Vater mein,
Wenn du es wissen könntest, daß man die Tochter dein
Gewaltsam jetzt wegführet heraus aus deinem Lande,
Mir armen Königinne geschähe nicht der Schade noch die
Schande."

Die Burg war nun gebrochen, die Stadt die war verbrannt.
Man hatte da gefangen die besten, die man fand.
Die zweiundsechzig Frauen, gar minnigliche Maide,
Die führten sie von dannen. Das war der edlen Hilde
Herzeleide.

III. Gudruns Entführung.

Wie traurig sie da ließen des Wirtes Gattin stehn!
Zu einem Fenster eilte die Königin zu gehn,
Wo sie noch nach den Mädchen hernieder konnte schauen.
Noch ließen sie im Lande gar manche kummervollen, schönen
Frauen.

Viel lautes Jammerrufen und Weinen man da fand,
Denn froh war auch nicht eine, als man da über Land
Die Tochter Hildens führte samt ihrem Ingesinde.
Das brachte später Schaden im Alter manchem werten Ritters=
kinde.

Der König Hartmut brachte die Geiseln an den Strand.
Verbrannt und ganz verwüstet ließ er des Fürsten Land.
Es war nach seinem Willen bis dahin gut gegangen,
Denn Gudrun und auch Hildburg führt' er mit sich davon
gefangen.

Er wußte wohl, daß Hettel schon in das vierte Land
Zum Kampf gezogen wäre, drum räumte er den Strand.
Kaum hatte er verlassen das Land der Hegelingen,
So hieß Frau Hilde Kunde dem König Hettel und den
Freunden bringen.

In rechten Klageworten dem König sie entbot,
Daß seine Ritter lägen daheime alle tot,
Die hätte Hartmut lassen ersterben in dem Blut.
Die Tochter wär' gefangen, und mit sich führt' er viele
Frauen gut.

„Ihr Boten, sagt dem Könige, daß ich alleine bin.
Es ist mir schlecht ergangen. Mit Hoffart zieht dahin
Nach seinem fernen Lande Herr Ludewig der reiche.
Wohl tausend oder noch mehr sieht vor den Thoren liegen
man als Leiche."

Da sah von Dänemarke der kühne Held Horand
Frau Hildens Boten reiten zu ihnen in das Land.
Da sprach er zu dem König: „Uns kommt jetzt Kunde neu.
Gott gebe, daß uns Helden kein schweres Leid daheim ge=
geschehen sei."

Entgegen ging er ihnen, der König, der sie sah,
Den sehr betrübten Boten gar höflich sagt' er da:
„Willkommen seid, ihr Herren, mir hier in diesem Lande.
Wie geht es denn Frau Hilde? Sagt uns, wer euch hierher
entsandte."

Der eine sprach: „Die Herrin, die hat uns hergesandt.
Zerstört sind deine Burgen, verbrannt dein ganzes Land,
Und Gudrun ist entführet mit ihrem Ingesinde.
Ich wähne, daß solch' Schaden dein Land so leicht nicht
überwinde."

Er sprach: „Ich klage weiter dir unsre große Not.
Verwandte dein und Mannen sind wohl an tausend tot.
Dein Schatz ist weggeführet nach fremden Königreichen.
Dein Hort, der ist geplündert, ein Schimpf für solche Helden
ohnegleichen."

Da fragt' er, wie der hieße, der dieses hätt' gethan,
Drauf sagte zu dem Könige der eine aus dem Bann:
„Der eine der Normannen ist Ludewig mit Namen,
Der andre heißet Hartmut, die zu uns Unheil bringend kamen."

Der König Hettel sagte: „Darum, daß ich nicht gönnt'
Ihm meine schöne Tochter; wohl wußt' ich, daß belehnt
Mein Schwäher Hagen Ludwig mit dem Normannenland,
Weshalb bei ihm auch Gudrun die Ehren nach Gebühr nicht
fand.

Nun soll man unsern Feinden die Kunde wohl verhehlen,
Und unsern Freunden heimlich sie klagen und erzählen.
Dann laßt uns die Verwandten hier bald zur Stelle sehen,
Es dürfte guten Recken daheim wohl Schlimm'res nie geschehen."

III. Gudruns Entführung.

Da hieß man König Herwig alsbald zu Hofe gehn,
Die Freunde und Verwandten und aus des Königs Lehn.
Als diese guten Recken zum Hof gekommen waren,
Sah man den König Hettel in seinem trüben Sinn bei
seinen Scharen.

Da sprach von Hegelingen der Vogt: „Ich will euch klagen
Und muß auf Lieb' und Treue euch meinen Kummer sagen,
Was uns die Königin Hilde hierher gemeldet hat,
Daß bei den Hegelingen nur Trauer findet statt.

Verbrannt sind meine Länder, die Burgen sind gebrochen,
Man hat gehütet übel daheim seit wenig Wochen,
Die Tochter ist gefangen, Verwandte sind erschlagen,
Die für mich meines Landes und meiner Ehr' daheime pflagen."

Da sprach der alte Wate: „Vermeldet's weiter nicht.
Was uns an unsern Freunden für Schaden angericht',
Das soll man uns ersetzen hernach mit vieler Freude.
Hartmuts und Ludwigs Stamme bereiten wir viel Herzeleide."

Da fragte König Hettel: „Wie soll denn das gescheh'n?"
Da sprach der alte Wate: „Laßt uns jetzt Frieden seh'n
Zu machen mit Moorlanden, dem König, seinem Gesinde,
So fahren wir die Degen hin zu der schönen Gudrun,
deinem Kinde."

Da sprach der kühne Herwig: „Der Rat gefällt mir wohl.
Drum rüstet euch schon heute, wie man am Morgen soll
Verfahren mit den Feinden, daß wir das lassen schauen,
Wie wir von hier auch scheiden, mir ist ohn' Maßen leid
um unsre Frauen."

Sie rüsteten zum Streite mit Rossen und Gewand,
Sie thaten nur sehr ungern, was Wate als gut erkannt.
Als nun erschien der Morgen, versuchten sie's gar sehr
An Siegfrieds tapfern Recken, daß sie gewinnen möchten
Lob und Ehr'.

Frold begann zu rufen an seines Schildes Rand:
„Wollt ihr euch jetzt versöhnen, ihr Helden aus Moorland?
Drum heißet mich mein Herre, der König Hettel, fragen.
Zu fern sind eure Länder; Gut und Verwandte büßt ihr
ein in diesen Tagen."

Darauf entgegnet' Siegfried, der König von Moorland:
„Wenn ihr den Sieg gewinnet, so habt ihr Unterpfand.
Nicht mag ich sonst verhandeln als nur nach meiner Ehr'.
Und wähnt ihr, uns zu zwingen, so fall'n auf beiden Seiten
desto mehr."

Da sprach der Recke Frute: „Nun stimmet uns auch bei,
Zu sein zu unsren Diensten, so lassen wir euch frei
Von diesem Schicksalskampfe aus meines Herren Land."
Da boten die von Moorland den Frieden dar mit ihrer Hand.

So kam es zur Versöhnung, wie ich euch hab' gesagt,
Sie traten zu einander, die Recken unverzagt.
Zum Dienst sich die erboten, die vorher Feinde waren,
Ihr Haß der war versöhnet, nun rieten sie, nach Normandie
zu fahren.

Herr Hettel zuerst sagte Siegfried aus Mooreland,
Was er von seinen Boten für böse Kunde fand.
Wenn er ihm helfen wollte, dient' er's ihm früh und spat,
Daß er dem Herren Hartmut vergelte diese seine Missethat.

Da sprach der Herre Siegfried, entstammt aus Alzabe:
„Wenn wir sie könnten finden, müßt'. ihnen werden weh."
Darauf der alte Wate: „Ich weiß euch hier zu zeigen
Die nahe Wasserstraße. Wir können auf dem Meer sie noch
erreichen."

Da sprach der König Hettel: „Wo hab' ich Schiffe denn?
Wenn ich sie schäd'gen wollte, wie möchte das geschehn?
Ich will daheim mich rüsten zum Zug nach ihrem Lande,
Daß ich sie dort besuche, so räche ich an ihnen Leid und
Schande."

III. Gudruns Entführung.

Da sprach der alte Wate: „Das kann noch werden Rat.
Gott thut in seiner Allmacht, was er beschlossen hat.
Ich weiß hier in der Nähe bei uns in diesem Lande
Wohl siebzig gute Schiffe, mit guten Speisen stehen sie am
  Strande.
Die haben Pilgersleute geführet auf die See,
Die müssen wir gewinnen, wie's uns auch darnach geh'.
Sie sollen mit Geduld uns am Strande nur erwarten,
Bis wir uns mit den Feinden versöhnten oder zu dem Streite
  scharten."
Wie sehr sie sich auch wehrten, man schaffte auf den Strand,
Was Wate nicht begehrte, ihr Silber und Gewand.
Die Speise hieß er lassen im Schiffe auf den Fluten.
Man würde sie bezahlen, wenn heimzukehren sie demnächst
  geruhten.
Die Pilgersleute klagten und hatten große Not.
Was sie ihm auch nur sagten, er achtet's nicht ein Brot.
Denn ohne Lächeln strebte Herr Wate nur zum Ziele,
Daß sie ihm lassen mußten zum Pfand die Schiffe und die
  Kiele.
Es kümmert' Hettel gar nicht, ob sie je auf das Meer
Mit ihrem Kreuze kämen. Er nahm aus ihrem Heer
Fünfhundert oder mehr noch der besten, die sie fanden.
Sie brachten deren wenig gesund zurück nach Hegelingenlanden.
Ich weiß nicht, ob das büßte Herr Hettel und sein Bann,
Daß dies Volk, fern der Heimat, das Herzeleid gewann,
Daß sie sich mußten trennen in diesem fremden Lande.
Ich glaube, Gott im Himmel hat selbst gerächt da seine
  Schande.
Sie fuhren, wie sie konnten, alsbalde nun hindann.
Herr Hettel mit den Seinen gar guten Wind gewann;
Sie fingen an zu segeln auf ihrer Feinde Pfaden,
Wo sie sie auch nur fänden, sie wollten strafen sie für ihren
  Schaden.

IV. Die Schlacht auf dem Wülpensande.

Nun war der König Ludwig und auch der Herr Hartmut
Mit ihren Volksgenossen noch bei der Meeresflut
Geblieben, um zu ruhen, am öden Meeresstrand.
Hatt' er auch viele Leute, er doch bei ihnen wenig Nutzen
      fand.

Es war ein breiter Werder und hieß der Wülpensand,
Wo die von König Ludwig aus dem Normannenland
Bequem mit ihren Rossen sich lagerten in Zelten,
Als sich ihr Schade mußte nach ihrer Ruhe grausam melden.

Die vielen edeln Geiseln aus Hegelingenland,
Die hatte man gewiesen hin an den öden Strand.
So weit sie eben konnten und durften sich gebahren,
Die minniglichen Mädchen beim Feinde doch voll Schmerz
      und Trauer waren.

Auf einmal sah ein Schiffer, von Meeresflut getragen,
Ein Schiff mit reichen Segeln. Dem König ließ er's sagen.
Als Hartmut und die Seinen es schauten in der Weite
Und an den Segeln Kreuze, so sagten sie, es wären Pilgers=
      leute.

Herangefahren kamen alsbald drei Kiele gut
Und neun belad'ne Boote, die trugen auf der Flut
Gar manchen, der das Kreuz wohl zur Ehre Gottes selten
An seinem Kleid getragen. Das mußten die Normannen
      wohl entgelten.

Sie kamen nun so nahe, daß man die Helme sah
Her von den Schiffen leuchten. Unheil erhob sich da
Und schadete gar sehre Herrn Ludwig und den Seinen.
„Wohlauf," sprach da Herr Hartmut, „die grimmen Feinde
      drohen jetzt den Meinen."

IV. Die Schlacht auf dem Wülpensande.

Da nahm Ludwig und Hartmut den Schild alsbald zur Hand.
Sie wären sonst viel ruhiger gekommen in ihr Land,
Wenn ihre Ruhe sie nicht betrogen hätt' zu sehr.
Sie glaubten von den Feinden, daß Hettel hätte keine Streiter mehr.

Herbei rief König Ludwig laut seinen ganzen Bann,
Ein Kinderspiel nur war es, was er vordem begann:
„Ich muß zum erstenmale mit guten Helden streiten.
Reich mach' ich den für immer, der mir bei meinen Fahnen steht zur Seiten."

Mit solchem Grimm verteidigt ward wohl niemals ein Land,
Als die von Hegelingen vordrangen an den Strand.
Mit Speeren und mit Schwertern bekämpften sie sich sehr.
Denn einer gab dem andern, daß er nach Kauf nicht weiter trug Begehr.

Von allen Seiten kamen sie am Gestad' zu stehn.
Von Winden in den Alpen sah man den Schnee nie wehn
So dicht, als hier die Schüsse herflogen von den Händen.
Wenn sie's auch gerne wollten, so konnt' den Schaden keiner wohl abwenden.

Es folgten Speer' auf Speere, es währte ziemlich lang,
Eh' sie das Land erreichten. Der alte Wate sprang
Gewaltig auf die Feinde, sie waren ihm so nah.
Er war so grimmen Mutes, daß seinen Willen man gar wohl ersah.

Herr Ludwig der Normanne, der lief auf Waten an.
Mit einem scharfen Speere er schleudert' auf den Mann,
Daß hoch die Stücke sprangen davon in alle Winde.
Denn Ludwig war verwegen. Dann kam auch Watens Ingesinde.

Herr Wate schlug Herrn Ludwig jetzt durch den Helm so blank,
Daß seines Schwertes Spitze bis auf das Haupt ihm drang.
Er hatte unterm Panzer von guter, starker Seiden
Aus Abalie ein Hemde, sonst hätt' er müssen da den Tod
erleiden.

Mit Müh' entkam ihm Ludwig, den Leib verlor er fast,
Die Stätte mußt' er räumen. Es war ein übler Gast
Herr Wate, wenn er sollte bei Feinden Sieg erwerben.
Man sah von seinen Händen gar manchen guten Ritter sterben.

Dann kam Herwig von Seeland, der große Degen gut,
Da er nicht landen konnte, so sprang er in die Flut.
Bis an die Schultern Wasser stand tief er auf dem Grund.
Ein harter Dienst der Frauen ward da dem kühnen Herwig
kund.

Den guten Recken wollten ertränken in der Flut
Die Feinde sein mit Eifer, und manchen Schaft sehr gut
Sah man auf ihn zerbrechen. Er eilte nach dem Strande,
Zu treffen seine Feinde. Da ward gerochen manches Recken
Schande.

Als sie den Strand erreichten, sah man des Meeres Flut
Von denen, die da starben, so rot gefärbt wie Blut
Bei ihnen allenthalben in roter Färbung fließen
So weithin, daß es keiner mit einem Speer wohl konnte
überschießen.

Nie ward wohl größ're Arbeit der Helden jemals kund,
So mancher Held ward nie mehr gedränget auf den Grund.
Ein Land wohl konnten füllen, die ohne Wunden starben;
Die ihnen Schaden thaten, ich wähn', sie allenthalben auch
verdarben.

Für seine liebe Tochter hub Hettel an den Streit,
Er und sein Ingesinde. Der Schaden und das Leid
Verteilten allenthalben, teils Fremde, teils Bekannte.
Drum fand man manchen Toten hernach dort auf dem
Wülpensande.

IV. Die Schlacht auf dem Wülpensande.

Mit ungefügem Dienste verzinsten ihre Hand
Die von der Normandie und von Hegelingenland.
Die Dänen sah man kühne und auch so herrlich streiten,
Daß, wer da leben wollte, den durft' es nimmer da mehr
    leiden.

Herr Ortwein und Herr Morung behaupteten das Land
Mit also großen Ehren, daß man nur wen'ge fand,
Die ihnen schaden konnten mit ihrer Heldenkraft,
Sie schlugen viele Wunden, die zwei mit ihrer Heergenossen=
    schaft.

Die stolzen Recken Moorlands, wie ich es hab' vernommen,
Die waren von den Schiffen auch auf den Feind gekommen.
Zu brauchen meinte Hettel sie in der Kampfesnot,
Es waren kühne Helden. Durch feste Helme floß das Blut so rot.

Ihr Vogt, der sie da führte, wie konnt' er kühner sein?
Des Tages schuf er blutig gar mancher Rüstung Schein.
Er war in starken Kämpfen ein Held gar wohl bekannt.
Wie konnten sein wohl kühner der alte Wate wie auch Frute
    im Land?

Als nun verschossen waren die Speere hier wie dort,
Schied Ortwein mit Gefährten gar fröhlich von dem Ort.
Darum war an dem Tage der Helme viel verhauen;
Gar heftig weinte Gudrun, so thaten auch bei ihr die andern
    Frauen.

Der Abend stieg hernieder. Der König da gewann
Nur desto größern Schaden, da die von Ludwigs Bann
Nur thaten, was sie sollten. Sie konnten nicht entweichen,
Doch schützten sie die Königin und schlugen Wunden ohne
    gleichen.

So ging es hin in Sorgen, bis sie die Nacht benahm;
Am andern Morgen frühe, sie thaten ohne Scham
Jetzt alles, was sie konnten, die alten wie die jungen,
Bevor der König Hettel zum König der Normannen vor=
    gedrungen.

Ludwig und Hettel trugen gar hoch in ihrer Hand
Wohl viel der scharfen Waffen. Von ihnen jeder fand
An Heldenkraft erst richtig, was denn der andre wär'.
Ludwig erschlug Herrn Hettel. Drum ward das Herzeleid
    noch mehr.

Die Kunde, daß der Wirt sei von Matelan' erschlagen,
Erfuhr die wohlgethane. Da hörte man bald klagen
Die schöne, edle Gudrun und alle ihre Maide.
Man konnt' den Kampf kaum scheiden. Den Leuten war
    auf beiden Seiten leide.

Als Wate, der viel grimme, erfuhr des Königs Tod,
Begann er arg zu murren. Denn wie ein Abendrot
Sah man die Helme glänzen von Schlägen, den geschwinden.
Ihn und auch all' die Seinen, die mußte man gar zornig
    finden.

Was auch die Helden thaten, was konnte helfen das?
Vom heißen Blute wurde der Werder rot und naß.
Nach Frieden nicht begehrte der Bann von Hegelingen.
Sie wollten gerne Gudrun vom Wülpensande heimwärts
    bringen.

Es rächten in dem Kampfe die von der Waal den Tod
Des Königs, doch die Dänen, die halfen in der Not
Den Hegelingenrecken und denen von Ortlanden.
Den gar so schönen Helden zerbrachen gute Waffen an den
    Handen.

Zu rächen seinen Vater drang vor Herr Ortewein.
Da kam mit großer Menge Horand, den Helden sein.
Der Tag war schon zu Ende, zu dämmern es begann,
Da ward zuerst geschlagen gar tiefe Wunde manchem Helden=
    mann.

Wo man den kühnen Wate im Kampfe je vernahm,
Da schien es keinem ratsam, daß er ihm nahe kam.
Sein ungefüges Zürnen niemand erdulden wollte;
Er brachte manchen dahin, wo er für immer bleiben sollte.

IV. Die Schlacht auf dem Wülpensande.

Sie konnten's auch entscheiden, bis daß es wurde Tag.
Ihr Volk auf beiden Seiten ganz hingeschwunden lag
Erschlagen von den Fremden; es fehlt' des Mondes Scheinen.
Der Tag war hingegangen; den Sieg verlor der Gast drum
mit den Seinen.

Ergrimmt, mit Mühe ließen sie endlich ab vom Streit,
Mit ihren müden Händen zu trennen sich zur Zeit.
Sie blieben bei einander, indes so nahe doch,
Daß bei dem Brand der Feuer sie sahen ihre Helm' und
Schilde noch.

Herr Ludwig und Herr Hartmut, die von der Normandie,
Allein zu sprechen gingen. Drauf dem Gesinde hie
Verkündete der König, warum er bleiben sollte
Bei Waten, dem viel kühnen, da der ihn gerne töten wollte.

Er riet in seiner Schlauheit: „Jetzt legt euch nieder all,
Die Häupter auf die Schilde und machet großen Schall,
Daß es nicht möge spüren der Bann der Hegelingen,
Wenn ich es kann so fügen, um euch so von hier weg=
zubringen."

Da hört' man allenthalben viel Lärm und Wehgeschrei,
Jedoch verbot man's Weinen den Jungfrauen dabei,
Denn alle, die's nicht ließen, die wollte man ertränken,
Wen man von ihnen hörte, tief in die Fluten senken.

Und alles, was sie hatten, das ward aufs Schiff getragen,
Die Toten blieben liegen, die waren dort erschlagen.
Der Freunde fehlten viele, darum ihr Herze schwer;
Von ihren Schiffen ließen sie da zurück gar manches leer.

Mit also großen Listen gelangten sie zur See,
Die Recken der Normannen; den Frauen war sehr weh,
Daß man von den Verwandten sie trennte ohne Fragen.
Das wußten nicht die Helden, die noch am Wülpensande
lagen.

Eh' noch der Tag herankam, da waren sie unterwegen,
Mit denen die Dänen hofften noch weitern Streit zu pflegen.
Schon ließ Herr Wate laut hin die Kriegstrompete schallen,
Und wollte sie ereilen, daß sie mit tiefen Wunden sollten
  fallen.

Und alles Volk, das sah man vom Hegelingenland
Zu Fuße und zu Rosse hinziehen nach dem Strand
Entgegen den Normannen, Ludwig und seinen Mannen,
Um sie noch zu bekämpfen; doch diese waren gefahren fern
  von dannen.

Als man das Waten sagte, das schuf ihm große Not;
Wie heftig er beklagte des König Hettels Tod,
Daß er ihn nicht gerochen an König Ludwigs Leibe!
Viel Helme lagen zerbrochen; das brachte Leid gar manchem
  schönen Weibe.

Wie recht in großem Jammer, im wilden Zornesmut
Beklagte da Herr Ortwein den edlen Recken gut!
Er sprach: „Wohlauf, ihr Helden, ob wir sie noch ereilen,
Eh' sie den Platz hier räumen, sie können vom Gestade fern
  nicht weilen."

Drum wollt' sie gern verfolgen Herr Wate, der alte
  Mann.
Herr Frute nach dem Winde zu schauen da begann.
Drauf sprach er zu den Recken: „Was hilft's, ob wir auch eilen?
Merkt wohl, was ich euch sage. Sie sind von hier wohl
  schon die dreißig Meilen.

Auch bringen wir nicht Leute genug hier auf den Plan,
Daß ihnen irgend Schaden von uns wird angethan.
Drum sollt ihr meinem Rate zu folgen nicht versagen.
Was wollt ihr weiter reden? Ihr könnet sie doch nimmer
  ganz erjagen.

IV. Die Schlacht auf dem Wülpensande.

Jetzt lasset die Verletzten hin zu den Schiffen tragen,
Und suchet auf die Toten, die uns hier sind erschlagen,
Am öden Strande lasset sie alle jetzt begraben,
Sie haben hier viel Freunde; wie sollten sie es denn nicht
 können haben?"
Sie standen all' zusammen da mit gerung'ner Hand,
Wenn's nur mit einem Schaden bei ihnen wär' bewandt,
Daß sie verloren hätten die junge Königin!
Doch was für Kunde sollten sie jetzt nach Haus Frau Hilden
 bringen hin!
Drauf suchte man die Toten all überall am Strand.
Die, welche Christen waren, was man von ihnen fand,
Ließ drauf der Held von Stürmen dicht zu einander bringen.
Wo sie dann bleiben sollten, berieten sie drauf mit den
 Jüngelingen.
Da riet der Degen Ortwein: „Da wir sie woll'n begraben,
So woll'n wir drauf bedacht sein, daß sie ein Zeugnis haben
An einem reichen Kloster hinfort nach ihrem Ende,
Und daß ein jeder Stamm nun etwas von seinem Gute
 dazu sende."
„Das hast du wohl geraten," sprach der von Stürmeland,
„Man soll nunmehr verkaufen ihr Roß und ihr Gewand,
Die hier erschlagen liegen, daß man den armen Leuten
Nach ihres Lebens Ende von ihrem Gut den Segen mag
 bereiten."
Da sprach der Degen Jrold: „Soll man auch die begraben,
Die uns so sehr geschadet, soll man sie sonst den Raben
Und wilden Wölfen lassen hier auf dem Strand genießen?"
Da rieten die Erfahr'nen, daß sie von ihnen keinen liegen ließen.
Da sie nun Ruhe hatten nach schon so mancher Not,
Begruben sie den König, der ehrenvollen Tod
Um seiner Lieben willen gefunden an dem Strande.
Wie sie auch heißen mochten, ganz gleich begrub man sie
 aus jedem Lande.

Sie waren sehr geschäftig bis an den sechsten Tag
Und hatten nicht die Zeit mehr, daß das Gesinde lag,
Wie sie zu Gottes Hulden die armen Hegelingen
Ob ihrer großen Schulden und Missethaten möchten wieder
bringen.

Von Singen, Messelesen vernahm man viel also,
Daß man bei den Gefall'nen wohl nirgends anderswo
Dem Herrgott schöner diente in irgend einem Lande.
Drauf ließ man bei den Toten verbleiben viele Pfaffen an
dem Strande.

Auch mußten solche bleiben, die Geistlichen zu pflegen,
Man schrieb es nieder, daß sie um ihrer Arbeit wegen
Dreihundert Hufen erhielten, sie wurden Spittelleute.
Die Kunde ward verbreitet: ein Kloster sei daselbst gestiftet heute.

Und alle die Verwandten, die einen dort verloren,
Die gaben ihre Steuer, die Männer, Weiber hochgeboren,
Der Seelen wegen derer, die sie daselbst begruben.
Es ward seitdem so reiche, daß darin zinsten an dreihundert
Huben.

Nun walte Gott in Gnaden bei denen, die dort ruh'n
Und die im Lande wohnen. Die andern fuhren nun,
Da sie gesund noch waren, weg von dem Wülpensande.
Nach Müh' und Sorge kam denn ein jeder heim in seiner
Herren Lande.

Herrn Hettels Anverwandte verließen soviel hie
Nun in des Todes Schlingen, daß gute Recken nie
Mit also großen Sorgen gekommen in ihr Land.
Bald sah man schöne Frauen da weinend klagen und ringen
die Hand.

Drum wagte aus Ortlande der Degen Ortewein
Nach Schaden und nach Schande die liebe Mutter sein,
Die schöne Königin Hilde, vor Jammer nie zu schauen.
Sie wartete tagtäglich, ob sie ihr brächten Gudrun und die
Frauen.

IV. Die Schlacht auf dem Wülpensande.

Voll Furcht ritt Wate endlich in Königin Hildens Land,
Da andre es nicht wagten. Die Kraft sein und die Hand
Die hatten schlecht beschirmet beim grimmen Kampf und
Sterben.
Er hoffte nicht so balde Frau Hildens Huld sich wieder zu
erwerben.

Als nun die Leute sagten, Herr Wate sei gekommen,
Gar viele drum verzagten, da sie vordem vernommen,
Wenn er käm' aus dem Kampfe, so zög' er ein mit Schalle;
So that er jederzeit stets. Er und die Seinen schwiegen
jetzt nun alle.

„O weh," sprach da Frau Hilde, „wie ist das nur gescheh'n?
Es hat durchbohrte Schilde des alten Wate Lehn.
Gar träge geh'n die Rosse, beladen dabei schwer.
Sie haben übel Aussehn. Gern wüßt' ich, wo der König wär'."

Darnach in kurzer Weile, als sie das eben sprach,
Sah man gar manchen eilen dem kühnen Wate nach,
Der nach den lieben Freunden ihn gerne wollte fragen.
Da sagt' er ihm die Kunde, die jeder mochte wohl beklagen.

Da sprach der alte Wate: „Ich mag's euch nicht versagen,
Noch will ich euch betrügen; sie alle sind erschlagen."
Darob erschraken alle, die Jungen wie die Alten.
Es konnte niemals weiter ein trauriger Gesinde wohl noch
walten.

„Weh über meine Leiden!" sprach da des Königs Weib.
„Wie ist von mir geschieden nun meines Herren Leib,
Des mächt'gen Königs Hettel! Wie schwindet meine Ehr'!
Verloren hab' ich beide. Ich sehe Gudrun nun wohl
nimmermehr."

Da marterten die Ritter und Mädchen ihren Leib
Mit ungestümem Leide. Da auch des Königs Weib
Den Gatten sehr beklagte, hört' man den Saal erdröhnen.
„O weh mir," sprach Frau Hilde, „sollt' uns darum der
König Hartmut höhnen?"

Da sprach der kühne Wate: „O Herrin, laßt das Klagen,
Sie kommen doch nicht wieder. Jedoch nach diesen Tagen,
Wenn uns herangewachsen die Leute hier im Lande,
So bringen wir Herrn Ludwig und Hartmut auch die gleiche
Schande."

Da sprach die Trauervolle: „Hei, sollt' ich das erleben!
Was ich besäße, alles, das würd' ich darum geben,
Wenn ich gerochen würde, wie das auch nur geschähe,
Wenn ich, die gottverlaff'ne, nur meine Tochter Gudrun
wieder sähe."

Drauf Wate sprach zu Hilden: „O Herrin, laßt das
Klagen.
Wir wollen Botschaft senden in den zwölf nächsten Tagen
Nach allen euern Recken, was wir zusammen bringen,
Und dann die Fahrt beraten; so muß es den Normannen
doch mißlingen."

Er sagte: „Herrin Hilde, es ist also gekommen,
Ich habe Pilgersleuten neun Schiffe weggenommen,
Die sollen wir den Armen deswegen wieder bringen,
Damit uns, wenn wir kämpfen, das Werk alsdann auch besser
mag gelingen."

Da sprach die Jammervolle: „Ich rate, daß man's thu',
Daß man ersetzt den Schaden, ich will'ge ein dazu.
Wer etwas Pilgern raubet, begeht der Sünden starke,
Man soll stets gegen eine von meinem Silber geben dreier
Marke."

Die Schiffe bracht' man wieder, wie es Frau Hilde riet.
Bevor ein einz'ger Pilger von dem Gestade schied,
War aller Schade ihnen schon also reich vergolten,
Daß keinem sie mehr fluchten. Herrn Hagens Kind blieb
dabei unbescholten.

IV. Die Schlacht auf dem Wülpensande.

Darauf am nächsten Morgen vom heimischen Seeland
Kam kühn der König Herwig, wo er Frau Hilden fand
Um ihres Mannes Ende noch weinen grimmiglich.
Mit stets gerung'nen Händen empfing sie doch den Held
gar lobelich.

Drum bei der Frauen Thränen hub auch zu weinen an
Der edle König Herwig. Da sprach der junge Mann:
„Nicht alle sind gestorben, die euch da helfen wollten,
Und es auch gerne thaten. Das haben nämlich ein'ge sehr
entgolten.

Wohl nimmer Ruhe haben wird bei mir Herz und Leib,
Es muß den Lohn empfangen Hartmut, daß er mein Weib
Mir wagte zu entführen, zu töten unsern Lehn;
Ich komm' ihm noch so nahe, er soll auf seiner Burg mich
sitzen sehn."

Wie traurig sie auch waren, sie ritten nach der Stadt,
Der Burg zu Matelane. Die Königin dann bat,
Was auch geschehen wäre, die Treue halten wollten,
Daß sie die Königinne doch darum ja nicht meiden sollten.

Da kamen die von Friesland und die von Stürmeland,
Nach den aus Dänemarken hat sie auch hingesandt.
Es kamen von Waleis auch die Helden von Moorung.
Die Hegelingen ritten da mit zu Hildes schöner Wohnung.

Gezogen kam von Ortland ihr Sohn Herr Ortewein,
Beklagte, wie es recht war, den lieben Vater sein.
Die Helden mit der Herrin Rücksprache heimlich thaten,
Entscheidung nur der Waffen mit starken Helden ward beraten.

Da sprach der alte Wate: „Nicht eher kann's gescheh'n,
Als bis wir, die jetzt Kinder, herangewachsen seh'n,
Zum Ritterschlag geeignet. Gar manche edle Waise
Gedenkt an die Verwandten und hilft uns gerne dann zur
Reise."

Da sprach die Königinne: „Wann möchte das wohl sein?
Soll bei dem Feind beständig die liebe Tochter mein
Dort in den fremden Landen noch weiter sein gefangen?
Ich arme Königinne, so ist mir meine Freude ganz zergangen."

Da sprach der Däne Frute: „Nicht eher kann's gescheh'n,
Bis wir die Menge Leute vollständig um uns seh'n,
Daß wir's vermögen, von hier die Heerfahrt zu beginnen,
Wenn auch die Feinde sollten dort großes Leid von uns
                                            gewinnen."

Da sprach die Königinne: „Gott laß uns das erleben!
Denn mir, der ärmsten Frau, ist ein langer Tag gegeben.
Wer meiner noch gedenket und der Gudrun, der armen,
Dem will ich's wohl zutrauen, daß er sich über uns noch
                                        läßt erbarmen."

Als sie nun Abschied nahmen, da sprach das edle Weib:
„Wer meiner nur gedenket, dem selig sei der Leib.
Ja wahrlich, kühne Recken, gern sollt ihr zu mir reiten
Und schaffen unsre Heerfahrt, wie ihr's am besten könnt, in
                                        diesen Zeiten."

Da sprach mit Listen Wate, der kühne Held alsbald:
„O Herrin, laßt uns gehen hin zu dem Westerwald.
Dann haben wir zur Heerfahrt Vertrau'n auf gut Gelingen;
Laßt euch von jedem Lande beladen vierzig Schiffe bringen."

Sie sprach: „Dann will ich lassen erbauen an der Flut
An zwanzig feste Kiele, die stark sind und auch gut,
Und sie ausrüsten lassen, ich hoff', es wird gelingen,
Daß diese meine Freunde bequem hin zu den Feinden bringen."

Da wollten sie sich trennen. Der Vogt von Mooreland
Ging hin in sitt'ger Weise, wo er die Herrin fand.
Er sprach: „Man soll mir künden zur Zeit der Rüstung Ende,
Wenn sie abfahren wollen, daß man nicht erst noch nach mir sende."

Daß freundlich sie sich trennten, das ließ sie da gescheh'n,
Man konnte nur sehr traurig nach ihren Leiden seh'n
Die guten, tapfern Gäste und auch die schönen Frauen.
Fortwährend pflegten Rats sie, was ihnen die Normannen
                nicht mochten zutrauen.

Als sie von dannen waren geritten in ihr Land
Mit traurigen Geberden, hin auf den Wülpensand
Hieß man den Beteleuten der Toten bringen Speise,
Daß ihrer sie gedächten vor Gott. Frau Hilde war sehr weise.

Dazu ließ sie erbauen ein Münster, das war weit,
Ein Kloster und ein Spital ließ sie aufführen breit.
Mich dünket, daß es wurde bekannt in manchem Lande
Durch diese, die da ruhten. Man nannte es seitdem zum
                Wülpensande.

V. Gudrun in der Gefangenschaft.

Nun lassen wir's bewenden, was weiter dort geschah,
Und was die Klosterleute zu schaffen hatten da.
Wir wollen jetzt berichten vom reichen König Hartmut,
Wie in sein Land er brachte gar manche edle Maid und gut.

Als sie getrennt sich hatten, wie wir auch schon gesagt,
Von gar so manchen Recken, die über Wunden geklagt,
Die sie nach harten Kämpfen verwundet liegen lassen,
Das mußten bald die Waisen beweinen heim fortan ganz
                ohne Maßen.

Mit großen Sorgen kamen sie endlich von der Flut.
Vom Abend bis zum Morgen gar mancher Degen gut,
Der schämte sich gar sehre, die alten wie die jungen,
Daß sie sich weggestohlen, obgleich es ihnen anders wär'
                gelungen.

Als sie nun nahe kamen von König Ludwigs Land,
Da ward den Schiffersleuten die Freude erst bekannt,
Da jeder nach den Sorgen die Heimat wieder sah.
Da sprach von ihnen einer: „Wir sind der Burg Harmutens
nah."

Die Winde brachten günstig sie in des Fürsten Land;
Das freute die Normannen, die man am Strande fand,
Daß sie noch kommen sollten zu Kindern und zu Weiben,
Von denen sie geglaubt erst, daß tot sie in der Ferne
müßten bleiben.

Als Ludewig der freie jetzt seine Burgen sah,
Der Herr der Noremannen zu Gudrun sprach allda:
„Seht ihr die Burg, o Herrin? Ihr könnt erwerben Freude,
Wenn ihr uns gnädig sein wollt, mit reichem Land woll'n
wir euch lohnen heute."

Da sprach die Trauervolle, das edle Mägdelein:
„Wem könnte ich sein gnädig, da von der Gnade mein,
Von der ich bin so ferne, nun leider noch mehr scheide,
Ich ahne arge Zwietracht, drum bleib' ich alle Tag' im Leide."

Darauf erwidert' Ludwig: „Laßt's euch nicht werden leid,
Und liebet den Herrn Hartmut, den Recken voller Freud'.
Denn alles, was wir haben, das wollen wir euch geben,
Dann mögt ihr mit dem Degen in Ehr' und Wonne beider-
seitig leben."

Da sprach Frau Hildens Tochter: „Wann laßt ihr mich
zufrieden?
Eh' ich Hartmuten nähme, wollt' tot ich sein hienieden,
Er sei von edlem Vater, wenn ich ihn sollte minnen,
Den Leib will ich verlieren, ich kann ihn nicht zum Freund
gewinnen."

Dem mächt'gen König Ludwig that diese Rede weh,
Er griff sie bei den Haaren und warf sie in die See.
Kühn sprang hinzu Herr Hartmut, der das nicht dulden wollte,
Der aus den starken Fluten die edle Jungfrau vor ihm holte.

V. Gudrun in der Gefangenschaft.

Denn als sie wollte sinken, da kam heran Hartmut,
Sie wäre wohl ertrunken, wenn nicht der Degen gut
Ihr blondes Haar ergriffen mit seinen starken Händen.
Daran zog er sie aufwärts; nicht konnt' er sonst von ihr
 ben Tod abwenden.

Er bracht' sie in die Barke, Hartmut der kühne Degen;
Herr Ludwig wußte unsanft der schönen Frau'n zu pflegen.
Im nassen Kleide saß sie, wie er heraus sie brachte.
Die Art war ihr noch fremde. Hei, wie sie da so recht des
 Leids gedachte!

Da weinten all' zusammen die schönen Mägdelein,
Denn froh war auch nicht eine. Was konnt' auch schlimmer sein,
Da man die Königstochter bestrafte also sehr?
Denn sie gedachten bei sich: „Uns wird man Leids zufügen
 nur noch mehr."

Hartmut sprach: „Was ertränket ihr Gudrun denn, mein
 Weib,
Die edle, schöne Jungfrau? Die gilt mir wie mein Leib.
Wenn das ein andrer thäte, ich zürnte ihm so sehr,
Als Ludewig mein Vater; ich nähme ihm dann beides,
 Leben und Ehr'."

Da sprach der König Ludwig: „Noch ungescholten bin
Ich kommen in mein Alter und möcht' auch weiterhin
In meinen Ehren leben bis an mein spätes Ende.
Drum bitte die Frau Gudrun, daß ihren Zorn sie an mir
 nicht vollende."

Gekommen waren Boten, die waren frohgemut,
Durch die er Frau Gerlinde entbot so Lieb' wie Gut
Und stets bereite Dienste, ihr lieber Sohn Harmut;
Sie möchte doch empfangen am Strande manchen edlen
 Ritter gut.

Er hieß ihr auch verkünden, es käme über See
Die Maid von Hegelingen, nach der schon oft so weh
Gewesen ihm, Hartmuten, bevor er sie geseh'n.
Da das Gerlind vernommen, ich wähn', nichts Lieb'res war
  ihr da gescheh'n.

Man führt' herbei die Rosse, dazu auch Sattelkleid.
Die junge Königinne war froh und hocherfreut,
Da das geschehen sollte, daß sie in ihrem Lande
Die schöne Gudrun sähe, die man so oft mit hohem Lobe
  nannte.

Es war am dritten Morgen, als sich so Weib wie Mann,
Was man auch von Gerlindes Gefolge nur gewann,
Wohl vorbereitet hatte zu fröhlichem Empfange.
Sie ritten aus der Burg und verweilten da am Hof nicht
  lange.

Da waren in den Hafen die Gäste auch gekommen,
Und abgeladen wurde, was sie sich mitgenommen;
Sie waren zu der Heimat gekommen hocherfreut,
Gudrun und ihr Gesinde allein zog ein in großer Traurigkeit.

Hartmut der schnelle führte Gudrun an seiner Hand;
Hätt' es sich machen lassen, so hätt' sie's abgewandt.
Doch nahm die allerärmste den Dienst nur an aus Ehr';
Er aber that's sehr gerne, und was er sonst ihr dienen
  konnte mehr.

Es folgten ihr im Zuge wohl sechzig Mägdelein,
Gerade, als ob sie sollten mit hohem Anstand sein
Gekommen aus der Heimat, vordem berühmt gar sehr
In manchen Königreichen; hier schwand die Freude vor der
  großen Beschwer.

Die Schwester König Hartmuts da mit zwei Fürsten ging,
Als sie die Tochter Hildens gar achtungsvoll empfing.
Mit Thränen in den Augen die heimatlose Maid
Küßt' drauf des Wirtes Tochter. Da faßte Ortrun ihre
  weiße Hand erfreut.

V. Gudrun in der Gefangenschaft.

Da wollte sie auch küssen des König Ludwigs Weib,
Doch sträubte sich dagegen der Jungfrau schöner Leib.
Sie sprach drauf zu Gerlinde: „Was wagt ihr mir zu nahen?
Ungern würd' ich euch küssen. Ihr sollt mich wahrlich nicht
empfahen.

Nach deinem Rat geschah es, daß ich viel arme Maid
In großer Ungewißheit sehr vieles Herzeleid
Mit Schande hab' erduldet. Nun wird's noch leider mehr."
Da fing um ihre Freundschaft die Königin an zu werben sehr.

Auch grüßte sie besonders die einzelnen Frauen all,
Drauf kamen viele Leute, wovon ein lauter Schall.
Dann hieß man an dem Strande gar manches Zelt auf=
spannen
Mit schönen, seidnen Schnüren dem Herren Hartmut und
auch seinen Mannen.

Die Leute waren fleißig, bevor sie von der See
An's Land die Ladung brachten. Gudrunen that es weh,
Daß stets von den Normannen bei ihr so viele waren;
Man sah sie gegen niemand als gegen Ortrun mild ver=
fahren.

Ortrun war alles Arges bei ihrer Tugend frei,
Was auch die andern thaten, sie stand ihr gerne bei,
Ihr's angenehm zu machen in ihrem Vaterlande.
Die arme Jungfrau trug doch um ihre Freunde beides, Leid
und Schande.

Darauf fuhr von dem Orte der Degen Hartemut
Und brachte die Frau Gudrun nach einer Burg gar gut.
Dort mußt' sie fortan bleiben weit länger, als es war
Nach der Jungfrauen Wunsche. Sie litt dort große Angst,
Not und Gefahr.

Da nun die edle Jungfrau dort in der Feste saß,
Wo man sie krönen wollte, der Wirt den Seinen das
Empfahl, ihr allgemein stets zu dienen mit treuem Mut,
Sie überginge keinen, sie würde schenken allen reiches Gut.

Da sprach die alte Gerlind, des König Ludwigs Weib:
„Wann soll denn nun wohl Gudrun als Braut Harmutens Leib,
Des jungen, reichen Königs, in ihre Arme schließen?
Er kann sich ihr wohl gleichen. Es sollte, wenn sie wollt',
      sie nicht verdrießen."

Als dies Gudrun vernommen, die heimatlose Maid,
Sprach sie: „O Frau Gerlinde, wahrscheinlich wär's euch leid,
Euch einem aufzuzwingen, von dem das Leben ließen
Viel eurer Anverwandten. Euch möchte, ihm zu dienen,
      wohl verdrießen."

„Das kann nun niemand ändern," sprach da des Königs
      Weib.
„Mit Treue soll man's enden, drum minne seinen Leib;
Ich schwör's bei meinem Haupte, daß ich dir's immer lohne,
Und willst du Königin heißen, ich will dir gerne geben meine
      Krone."

Da sprach die Kummervolle: „Die will ich gar nicht tragen,
Von seinen großen Gütern brauchst du mir nichts zu sagen,
Daß ich drum gerne sollte den Recken immer minnen.
Hier wünsch' ich nicht zu bleiben; ich sinne täglich auf die
      Flucht von hinnen."

Dem jungen Wirt des Landes, dem Degen Hartemut,
Dem war die Rede leid und nichts weniger als gut.
Er sprach: „Soll wirklich werden die edle Frau nicht mein,
So will ich auch der Schönen zu keinem guten Willen hin=
      fort sein."

Da sprach zum Sohne Hartmut die böse Frau Gerlind:
„Die Klugen soll'n erziehen das unerfahr'ne Kind.
Wenn ihr nur wollt, Herr Hartmut, durch mich sie ziehen
      lassen,
Glaub' ich's dahin zu bringen, daß ihre Hoffart schwindet
      einigermaßen."

V. Gudrun in der Gefangenschaft.

„Ich will's euch wohl vergönnen," sprach König Hartemut,
„Wie's auch für mich ausfalle, daß ihr die Jungfrau gut
Stets habt in eurer Leitung nach ihren und euren Ehren.
Die Maid ist in der Fremde, drum sollt ihr, Frau, in
Güte sie belehren."

Die schöne Gudrun also, bevor er sie verließ,
Der Leitung seiner Mutter der König überwies;
Die junge Königinne bekümmerte das sehr.
Auch wollt' ihr nicht gefallen, was sie auch immer that,
Gerlindens Lehr'.

Es sprach die Teufelinne drauf zu der schönen Maid:
„Willst du nicht Freude haben, so sollst du haben Leid;
Sieh um dich allenthalben, wer dir das wohl abwende.
Du sollst mein Zimmer heizen und sollst mir schüren selbst
die Brände."

Da sprach die edle Jungfrau: „Ich bin geschickt dazu,
Was ihr mir auch gebietet, daß ich das alles thu',
Bis mir der Herr im Himmel wohl meine Sorge wende.
Doch meiner Mutter Tochter hat selten noch geschürt die
Feuerbrände."

Sie sprach: „Du mußt beginnen, so lang' ich leben kann,
Was andre Königinnen wohl selten noch gethan.
Denn deine große Hoffart glaub' ich dir zu verleiden.
Eh' es wird morgen abend, sollst du von deinen Mädchen
auch dich scheiden.

Du dünkest dich zu vornehm, so hörte ich's gestehn,
Nun muß gar harte Arbeit und oft von dir geschehn,
Denn deinen Sinn, den grimmen, glaub' ich dir zu verleiden;
Von allen hohen Dingen will ich dich durch Erniedrigung
nun scheiden."

Nach Hofe ging im Zorne die böse Frau Gerlind.
Sie sprach zu Herrn Hartmuten: „Des König Hettels Kind
Will dich und deine Freunde auf immerdar verschmäh'n,
Eh' ich das wieder höre, werd' ich's ihr nimmermehr nachseh'n."

Da sprach zu seiner Mutter Hartmut, der kühne Degen:
„Wie sich das Kind auch zeige, Frau, ihr sollt ihrer pflegen
In Güte und in Liebe, daß ich's euch könne danken.
Da ich ihr that so wehe, mag sie mit Recht, um mir zu dienen,
wanken."

Da sprach die Königinne: „Was man ihr auch nur thut,
Sie folget niemals einem; so trotzig ist ihr Mut,
Wenn man sie nicht im Bösen abbringt davon, zum Weibe
Wird sie dir nie in Güte. So handl' ich, daß sie nicht verschonet
bleibe."

Da sprach von den Normannen der auserwählte Degen:
„O Herrin, laßt es sehen und wollet ihrer pflegen,
Ob ihr mir Wort gehalten, und zieht sie in dem Maße,
Daß mich die Königinne nicht ganz und gar aus ihrer Freundschaft
lasse."

Und zornig ging von dannen die böse Teufelin
Zum traurigen Gesinde der Hegelingen hin.
Sie sprach: „Wohlauf, ihr Mädchen, ihr sollt arbeiten geh'n,
Was ich auch nur gebiete, soll jede mir verseh'n."

Es wurden drauf geschieden die schönen Mägdelein,
Daß sie einander lange nun fremde mußten sein;
Die eine Herzogin sonst in hohen Ehren wär',
Die mußte jetzt Garn winden. Sie saßen da seitdem in arg'
Beschwer.

Die andern mußten spinnen und hecheln ihr den Flachs,
Von hohem Stand sie waren dahin gekommen stracks,
Und die wohl wirken konnten das Gold in weiches Seiden,
Mit Edelstein verzieren, die mußten viel Mühseligkeiten leiden.

Die nun die allerbeste am Hofe wollte sein,
Der ward allein geboten, daß sie den Mägdelein
Zu Frau Ortrunens Zimmer das Wasser hieße tragen;
Sie war geheißen Hergard. Sie sollt' sich ihres Adels bald
entschlagen.

V. Gudrun in der Gefangenschaft.

Auch eine war darunter aus dem Galizierland,
Die hatte ihr Verhängnis von Portugal verbannt;
Sie war von Irland kommen mit König Hagens Kinde
Hin zu den Hegelingen. Nun ward sie der Normannen Ingesinde.

Einst eines Fürsten Tochter, der hatte Burg und Land,
Mußt' sie jetzt Öfen heizen mit ihrer weißen Hand,
Sobald Gerlindens Frauen hin in die Stuben gingen,
Die, wenn sie willig diente, zum besten sie doch nicht empfingen.

Nun höret sagen Wunder in dieser großen Not.
Die niedrigste darunter, was die ihr nur gebot,
Das mußte sie ihr leisten, was sie zu schaffen hieß.
Denn ihre edle Abkunft sie in der Normandie im Stiche ließ.

Und dieser niedern Arbeit, das ist gewißlich wahr,
Der pflegten dort die Frauen das vierte halbe Jahr,
Bis daß einst der Herr Hartmut von dreien Heeresreisen
Zurückgekehrt zur Heimat. Auch da noch dienten fort die Waisen.

Da ließ sich Hartmut zeigen drauf die Geliebte sein.
Und an der edlen Jungfrau ward offenbar der Schein,
Daß sie nur selten hatte die Ruh' und gute Speise;
Man ließ es ihr entgelten, daß sie nur lebt' in tugendlicher Weise.

Da ging sie ihm entgegen, der König sprach zu ihr:
„O Gudrun, schöne Herrin, sag' mir, wie geht es dir,
Seit ich und meine Degen geschieden aus dem Lande?"
Sie sprach: „Ich mußte dienen, wovon ihr ewig habet Sünd' und Schande."

Darauf erwidert' Hartmut: „Was habt ihr so gethan,
Gerlinde, liebe Mutter? Vertraut' ich euch doch an,
Sie freundlich zu behüten, daß ihr hier die Beschwer
In jeglicher Beziehung gering in diesem Lande wär'."

Da sprach die grause Wölfin: „Wie möcht' ich ziehen daß
Des König Hettels Tochter? Nun sollst du wissen das:
Ich konnt' sie nie gewinnen, so viel ich sie auch bäte,
Daß sie dich, deinen Vater und die Verwandten nicht gescholten
hätte."
Darauf entgegnet' Hartmut: „Das hat sie wahrlich not.
Wir schlugen ihrer Freunde so manchen Ritter tot,
Die hehre Gudrun machten wir doch zu einer Waise,
Mein Vater tötet' ihren; verletzen kann man sie auf leichte Weise."

Da sagte seine Mutter: „Sohn, merke, das ist wahr,
Wenn wir auch Gudrun flehten wohl an die dreißig Jahr,
Ich könnt' sie nicht mit Ruten noch Peitsche dazu bringen,
Daß sie dir angehörte. Denn keiner kann es anders ihr ab=
zwingen."
Da sprach sie zu Hartmuten: „Ja, immer besser noch
Will ich sie gern behandeln." Er aber wußte doch
Noch nicht, der kühne Recke, daß sie's an allen Enden
Viel schlimmer haben sollte. Das konnte von der Armen keiner
wenden.

Drauf ging sie dahin wieder, wo sie sie sitzen fand;
Sie sprach zur edlen Gudrun vom Hegelingenland:
„Wenn du dich, schöne Jungfrau, nicht besser wirst bedenken,
Mußt du mit deinem Haare abwischen Staub von Schemel und
von Bänken.
Die Stube mein und Kammer, so viel will ich dir sagen,
Die sollst du mir nun immer dreimal an allen Tagen
Ausfegen und anzünden das Feuer auch darinne."
Sie sprach: „Das thu' ich alles, eh' ich statt meines Friedels
einen minne."

Sie leistete auch willig, was man ihr alles hieß
Zu thun, die edle Jungfrau. Wie wenig sie es ließ!
Denn sieben Jahre that sie in einem fremden Reich
Im vollen Maß die Arbeit. Man hielt sie einem Königskind
nicht gleich.

V. Gudrun in der Gefangenschaft.

Da nun das neunte Jahr schon heranzunah'n begann,
Hartmut (er war erfahren), der Held sich drauf besann,
Daß ihm und seinen Freunden es wäre eine Schande,
Daß er nicht Krone trüge und doch Herr hieß' in eines Königs
Lande.

Einst kam er aus dem Streite geritten und sein Bann,
Wo er mit Heldenmute den Preis darin gewann.
Da wähnt' er, daß er Gudrun, die Schöne, minnen sollte,
Die er vor allen Frauen gern zur Geliebten haben wollte.

Kaum hatt' er sich gesetzet, als er sie bringen hieß,
Und keine guten Kleider sie damals tragen ließ
Die böse Frau Gerlinde. Was auch der Held nun that,
Die Maid beachtet' es nicht. Auf ihre Ehre hielt sie früh
und spat.

Ihm rieten seine Freunde, ob lieb es oder leid
Auch seiner Mutter wäre, daß er die schöne Maid,
Wie er's auch immer könnte, zu seinem Willen brächte,
Daß er noch manche Stunde in Freuden mit der Frau verleben
möchte.

Auf Raten seiner Freunde ging er, wo er sie fand
Im Frau'ngemach des Hauses. Er nahm sie bei der Hand
Und sprach: „Ihr sollt mich lieben, viel edle Jungfrau reich,
Und eine Königin sein! Euch dienen meine Helden ehrenreich."

Da sprach die edle Jungfrau: „Dazu hab' ich nicht Mut,
Da mir die böse Gerlind so viel zu Leide thut,
So daß mich nicht gelüstet nach eines Recken Minne.
Drum bin ich ihr und ihrer Verwandtschaft feind mit meinem
ganzen Sinne."

„Das ist mir leid," sprach Hartmut, „wenn ich's erreichen kann,
Was meine Mutter Gerlind euch Leides hat gethan,
So will ich's euch ersetzen nach unser beider Ehr'."
Da sprach die edle Jungfrau: „Vertrau'n werd' ich euch nimmer=
mehr."

Da sprach von den Normannen des König Ludwigs Kind:
„Ihr wisset doch wohl, Gudrun, daß hier mein eigen sind
Die Länder und die Burgen sowie auch all' die Leute.
Wer würde mich drum hängen, wenn ich zur Braut euch nehme
heute?"
Da sprach die Tochter Hettels: „Unrecht hieß' das gethan,
Darum ich irgend Sorge in Wahrheit nie gewann,
Die andern Fürsten sprächen, wenn sie gehört die Märe,
Daß König Hagens Enkelin in König Hartmuts Land geschändet
wäre."
„Nicht acht' ich's, was sie reden," entgegnete Hartmut,
„Wenn es nur euch, o Herrin, alleine dünkte gut,
So wollt' ich König werden und ihr die Königin."
Sie sprach: „Seid ohne Sorge, zu euch kommt Liebe niemals mir
im Sinn.
Ihr wisset wohl, Herr Hartmut, wie sich's darum verhält,
Was ihr mir habt geschadet vordem als kühner Held,
Da ihr mich nahmt gefangen und führtet mich von dannen,
Was eure Recken Schaden zufügten meines Vaters Mannen.
Auch wird euch wohl bekannt sein, das ist mir leid genug,
Daß euer Vater Ludwig den meinigen erschlug.
Wenn ich ein Ritter wäre, er dürfte ohne Waffen
Zu mir wohl selten kommen. Wo er mir naht', würd' ich
ihn strafen."
Noch war in diesen Zeiten die Sitte so gethan,
Daß keine Jungfrau sollte je nehmen einen Mann,
Als nur nach beider Willen; das galt für große Ehr'.
Die schöne Jungfrau Gudrun um ihren Vater klagte noch
gar sehr.
Da sprach in vollem Zorne der Recke Herr Hartmut:
„Mir ist es ganz gleichgültig, was man euch weiter thut,
Da ihr nicht tragen wollet mit mir die Königskrone.
Ihr findet, was ihr suchet; man wird euch täglich geben das
zum Lohne."

V. Gudrun in der Gefangenschaft.

„Den Lohn will ich verdienen, wie ich bisher gethan,
Was ich arbeiten konnte für König Hartmuts Bann
Und für Gerlindens Weiber, seit Gott mich hat vergessen,
Das leid' ich alles gerne. Voll ist mir Leid und Kummer
zugemessen."

Sie wollten's weiter wagen; nach Hofe hieß man geh'n
Die schöne Jungfrau Ortrun, ein Mädchen ausersehn.
Daß sie durch liebreich Wesen Gudrun und ihr Gesinde
In Güte willig mache und ihren Widerwillen überwinde.

Da sprach ganz unverhohlen der Degen Herr Hartmut:
„Ich will's euch reichlich lohnen, o Schwester, wenn ihr's thut,
Daß ihr mir dazu helfet, daß Frau Gudrun, die hehre,
Vergesse ihres Leides, daß sie nicht klage mehr so sehre."

Aus dem Normannenlande sprach da Gerlindens Kind:
„Ich will euch immer dienen und alle, die da sind,
Daß sie des Leids vergesse. Mein Haupt will ich ihr neigen;
Ich auch und meine Mädchen wir woll'n ihr immer dienen hier
als eigen."

Sie sagte dafür Dank ihr, die Jungfrau ausersehn.
„Daß ihr mich gar so gerne gekrönet wollet sehn
Mit Herrn Hartmut, dem König, und daß ich lebt' in Ehr',
Das lohn' ich euch mit Treue. Doch kümmert mich mein
Elend sehr."

Da bot man Frau Gudrunen die Burgen an und Land.
Als sie das auch nicht wollte, so mußte sie Gewand
Die Tage über waschen vom Morgen bis zur Nacht.
Darum verlor Herr Ludwig den Sieg samt Leben in der
Schlacht.

Zunächst bat man Gudrunen vom Sitze aufzusteh'n
Und hieß die edle Jungfrau mit Frau Ortrunen geh'n,
Daß sie der Ruhe pflege und tränke guten Wein.
Da sprach die Heimatlose: „Ich will nicht Königin hier sein.

Ihr wisset wohl, Herr Hartmut, wonach der Sinn euch steht,
Daß man mich einst verlobet doch einem König hätt'
Mit unlösbaren Eiden zum ehelichen Weibe.
Es sei denn, daß er sterbe, niemals gehör' ich einem andern
Leibe."
Da sprach Hartmut der Fürste: „Ihr quält euch ohne Not,
Denn uns wird niemand scheiden, es thu' es denn der Tod.
Ihr sollt, behandelt gütig, jetzt sein bei meinen Frauen,
Zu mildern euren Kummer; das will ich ihnen fleißig an=
vertrauen."
Denn Hartmut mochte wähnen, daß ihre Festigkeit
Sich damit mildern sollte, daß seine Schwester, die Maid
Mit ihr gleich alles teilte, was man ihr mochte bringen.
Darum gedachten beide, es möchte ihnen doch bei ihr gelingen.

Sie fing an zu empfangen, wer ihr nur Dienste bot,
Und Ortrun saß nur bei ihr; da wurde rosenrot
In kurzem ihre Farbe von Trinken und von Speise,
Wovon man ihr viel vorsetzt'. Da war die arme Gudrun nicht
so weise.
Wenn sie der König grüßte und ihr was freundlich bot,
So schien's ihr wenig Buße, dacht' sie an ihre Not,
Die sie mit dem Gesinde noch duld' im fremden Lande.
Mit harter Rede rächte sie sich an Hartmut schnelle für die
Schande.
Das that sie also lange, bis es Hartmut verdroß.
„Ich wär'," sprach er, „Frau Gudrun, wohl würdiger Genoß
Des edlen Fürsten Herwig, den ihr aus großer Ehr'
Genommen euch zum Freunde. Ihr straft mich wahrlich oft und
allzusehr.
Wenn ihr das lassen wolltet, wär's für uns beide gut.
Mir ist es leid ohn' Maßen, wenn wer euch Leid anthut,
Womit er euch bekümmert das Herz und auch den Sinn.
Wie feind ihr mir auch wäret, ich würd' euch haben gern als
Königin."

V. Gudrun in der Gefangenschaft.

Da ging zu seinen Mannen von dannen Herr Hartmut;
Er bat sie, daß sie nähmen das Land in ihre Hut
Und seine andern Ehren. Bei sich dacht' er zuweilen:
„Man hasset mich so heftig, daß mich ein Schaden wohl noch
wirder eilen."

Darauf die böse Gerlind sie wieder dienen hieß,
Die sie auf einem Sessel nur selten ruhen ließ;
Die man bei Fürstenkindern, wenn's ginge nach dem Rechte,
Zu jeder Zeit sollt' suchen, die fand man da bei niedrigem
Geschlechte.

Da sprach die alte Wölfin ihr sehr gehässig zu:
„Ich will, daß mir den Dienst jetzt Frau Hildens Tochter thu'.
Da sie mit ihrem Trotze sich dünket fest für immer,
So muß sie mir nun dienen, was sie mir sonst wohl thäte nimmer."

Da sprach die edle Jungfrau: „Was ich auch dienen mag
Mit That und gutem Willen die Nacht wie auch den Tag,
Das sollen thun mit Fleiße stets meine beiden Hände,
Da mir mein großes Unglück bei meinen Freunden nicht zu sein
vergönnte."

Da sprach die böse Gerlind: „Nun sollst du mein Gewand
Mir tragen alle Tage hernieder an den Strand,
Und sollst das immer waschen für mich und mein Gesinde,
Und sollst dich davor hüten, daß man dich keine Weile müßig
finde."

Da sprach die edle Jungfrau: „Viel reiche Königin,
So schaffet, daß man lehre mich, wie ich mich darin
Wohl anzustellen habe, damit ich wasche Kleider.
Ich soll nicht haben Freude; drum wollt' ich, daß ihr mir noch
thätet leider.

Nun heißet es mich lehren, da ich nun waschen soll,
Ich weiß mich nicht so vornehm, ich könnt' es gerne wohl,
Seit ich damit verdienen soll täglich meine Speise.
Ich weig're mich vor niemand." Die arme Gudrun war
sehr weise.

Da hieß sie einer Wäscherin, zu tragen das Gewand,
Die sie belehren sollte, mit ihr hin auf den Strand.
Nun erst begann ihr Dienen mit Angst und großen Sorgen;
Denn niemand konnt' es hindern. Gerlind' sie quält' zum Abend
von dem Morgen.

Vor König Ludwigs Wohnung, da lehrte man sie das,
Wie sie so Helden diente, daß keiner konnte baß
Die Kleider alle waschen in dem Normannenlande.
Nichts war den Mädchen so leid, als wie sie dienen sah'n die
Frau am Strande.

Doch eine war darunter, auch eines Königs Kind,
Was auch die andern klagten, war gegen sie ein Wind.
Denn diese schwere Arbeit ging ihnen allen nah,
Da man die edle Herrin so jämmerlich da waschen sah.

Da sprach in ihrer Treue Hildburg, die schöne Magd:
„Es mag sie alle schmerzen, Gott sei's hiermit geklagt,
Die mit Gudrun gekommen hierher in diese Lande;
Sie thun mit Ruh' die Arbeit, sie aber steht selbst waschend an
dem Strande."

Als dies Gerlinde hörte, rief sie ihr böse zu:
„Willst du, daß deine Herrin die Dienste nicht mehr thu',
So sollst du selbst verrichten die Dienste jederzeit."
„Wenn's mir nur einer gönnte," sprach Hildburg, „denn ich bin
für sie bereit.

Ihr sollt um Gotteswillen, o Königin Gerlind,
Sie nicht alleine lassen; sie ist ein Königskind.
Mein Vater auch trug Krone, das will ich noch vollbringen,
Drum laßt mich mit ihr waschen! Mag's uns nun übel oder
gut gelingen.

Sie dauert mich so schmerzlich, ob ich selbst leide Not,
Der hohen Ehre wegen, die Gott ihr einstens bot.
Die mächtigsten der Könige sie nur Verwandte hießen.
Drum ziemt der Dienst hier übel, doch lass' ich ihn bei ihr mir's
nicht verdrießen."

V. Gudrun in der Gefangenschaft.

Da sprach die böse Gerlind: „Dann wird dir ofte weh.
Wie hart auch sei die Kälte, du mußt mit auf den Schnee
Und mußt die Kleider waschen auch bei den kühlen Winden,
Wo du dich ofte gerne im warmen Zimmer ließest finden."

Sie konnt' es kaum erwarten, bis es zu dunkeln begann,
Davon die edle Gudrun noch einen Trost gewann;
Es ging zu ihr Frau Hildburg hin in ihr Wohngemach,
Da klagten sie nun beide von ihrem schweren Dienste Weh
und Ach.

Frau Hildeburg die hehre drauf weinend zu ihr sprach:
„Es schmerzt mich gar zu sehre dein großes Ungemach.
Ich bat die Teufelinne, daß sie dich nicht allein
Am Strande waschen ließe; ich trag' mit dir die Bürde ins-
gemein."

Da sprach die Heimatlose: „Das lohne dir der Christ,
Daß du mir also traurig ob meines Leides bist.
Daß du willst mit mir waschen, gewährt uns Freude gut,
Und kürzet uns die Weile; auch ist uns um so besser dann
zu Mut."

Als ihr das war gestattet, daß sie nun das Gewand,
Beraubet aller Freuden, mit ihr dort auf den Strand
Zu waschen tragen dürfe in ihrem großen Leide,
Was auch ein andrer thäte, so mußten mehr noch waschen
diese beide.

Wenn nun ihr Ingesinde in Muße mochte geh'n,
So weinten sie sehr heftig, sobald sie sahen steh'n
Sie waschen an dem Strande; sie klagten drüber sehr,
Ob sie gleich Arbeit hatten, wie's in der Welt wohl keiner
hatte mehr.

Das währte also lange, das ist gewißlich wahr,
Daß sie da waschen mußten wohl sechste halbes Jahr,
Und rüsten weiße Kleider für Hartmuts Helden aus;
Es ging den Frauen schlimmer, gar jammervoll fand man sie
vor dem Haus.

VI. Die Heerfahrt der Hegelingen.

Nun lassen wir's bewenden, wie jene dienten hie
Den Männern und den Weibern. Frau Hilden war noch nie
Aus ihrem Sinn gekommen, daß sie nur darnach trachte,
Wie sie die liebe Tochter aus dem Normannenlande wieder
brachte.

Sie hatte bauen lassen dicht an der Meeresflut
Der starken Kiele sieben, von festem Holz und gut,
Lastschiffe zweiundzwanzig, neu und belastet reich;
Was sie enthalten sollten, sie wurden damit ausgerüstet gleich.

Sie hatte dazu vierzig Galeeren auf dem Meer,
Für sie die Augenweide. Sie schaute nach dem Heer,
Das sie absenden wollte. Dem hatte sie die Speise
Besorgt, wie sie nur konnte. Den Helden lohnte sie zu ihrem
Preise.

Es nahten nun die Zeiten, da sie zur Fahrt am See
Nicht länger wollten warten nach jenen, denen weh
Im fremden Land gewesen in arbeitsvollen Zeiten.
Da hieß die schöne Hilde für ihre Boten gut' Gewand bereiten.

Es war gerad' zur Weihnacht, als sie den Tag gebot,
Daß sie da rächen sollten des König Hettels Tod.
Da ließ sie's allen melden, den Freunden und den Mannen,
Daß ihre liebe Tochter sie führten aus der Normandie von
dannen.

Zum allererften sandte an König Herwigs Bann
Sie Boten, daß er wüßte mit allen seinen Mann,
Wie sie geschworen hätten für die schon längst die Reise,
Die hinterlassen hätten den Hegelingen manche reiche Waise.

Da schickte sich zum Streite Herr Herwig alsbald an
Mit denen, die schon ofte im Kampfe gut gethan.
Er rüstete zur Heerfahrt, die mit ihm ziehen wollten,
In einem harten Winter, die der Entscheidung mit ihm pflegen
sollten.

VI. Die Heerfahrt der Hegelingen.

Es war der schönen Hilde die Hülfe wahrlich not.
Nach Dänemark den Freunden sie ebenfalls entbot,
Daß nun die schnellen Recken nicht länger warten sollten,
Die nach der Normandie mit zur schönen Gudrun fahren
wollten.

Sie hieß es sagen Horand, daß er gedächte dran,
Er sei vom Königsstamme, daß er und seine Mann
Mit ihrer lieben Tochter doch hätten ein Erbarmen;
Sie wollte eher sterben, eh' sie noch wär' in Hartmuts Armen.

Die Boten nahmen Urlaub von ihm und ritten dann
Nach Waleis in die Marke, wo sie mit seinem Bann
Den Herren Morung fanden, den kühnen Markgraf reich;
Er sah die Boten gerne und nahm sie alle auf liebreich.

Herr Morung ließ es melden dem Volk im Holsteinland,
Daß jetzt nach ihren Freunden Frau Hilde hätt' gesandt,
Zur Heeresfahrt zu rüsten; das that man kund den guten.
Man sagte auch die Nachricht von Dänemark dem kühnen
Fruten.

Da sprach der biedre Ritter: „Ich komme gern fürwahr,
Daß wir's gewinnen wieder; seitdem sind's dreizehn Jahr,
Daß zum Normannenlande die Heerfahrt wir beschwuren,
Da König Hartmuts Freunde von uns fort mit Gudrunen
fuhren."

Auch Wate daran dachte, der Held von Stürmeland,
Und seine Hülf' er brachte; obgleich ihm nicht gesandt
Der Königinnen Bote vom Land der Hegelingen,
So eilt' er, was er konnte, was er an guten Rittern könnte
bringen.

Da rüsteten sich emsig nun alle zu der Fahrt.
Mit tausend tapfrer Helden gar wohl versehen ward
Herr Wate von dem Sturmland von Mannen und von
Freunden,
Mit denen sie Herrn Hartmut von Normandie zu überfallen
meinten.

Die heimatlosen Frauen, die waren schlimm bewahrt
Bei Königin Gerlinde, denn nur Frau Heregart,
So hieß von ihnen eine, die pflegte hoher Minne
Mit König Hartmuts Schenken; sie wollte werden mächt'ge
Herzoginne.
Darüber weint' der schönen Frau Hilde Kind noch mehr,
Auch schadete es später derselben Frau gar sehr,
Daß sie mit ihnen damals das Los nicht tragen wollte,
Gleichgültig war's Gudrunen, was ihr auch nur dafür geschehen
sollte.
Das Volk war sehr geschäftig, wie ich euch hab' gesagt.
Es förderten nur wenig die Helden unverzagt
Die Arbeit, die sie pflegten im Hegelingenlande.
Darum die Helden rieten, daß man nach Gudruns Bruder
sandte.
Darauf die Boten ritten gar balde nach Nordland,
Wo man auf einer Ebne den jungen Degen fand
An einem breiten Strome, der vogelreich war sehr;
Mit seinem Falkner beizte mit viel Geschick der junge König
hehr.
Er sah die Boten eilen; da sprach er also gleich:
„Heran dort reiten Leute, die hat gesandt ins Reich
Frau Hilde, meine Mutter, die Helden sehr vermessen;
Jetzt wird sie gar wohl wähnen, daß wir die Heerfahrt haben
ganz vergessen."
Er ließ die Falken fliegen und ritt sehr schnell heran,
Da er in kurzer Zeit schon viel Bangigkeit gewann.
Drauf grüßte er die Boten, die bald ihm das bekannten,
Daß sie die hehre Königin zu allen Zeiten weinend fanden.

Sie boten ihren Dienst ihm in treuer Lieb' und gut,
Und wie dem Recken wäre in dieser Zeit zu Mut',
Und wen von seinen Mannen er zu ihr wollte bringen.
Sie wollten jetzt die Heerfahrt zu den Normannen von den
Hegelingen.

VI. Die Heerfahrt der Hegelingen.

Da sprach der Degen Ortwein: „Du hast ganz wahr gesagt,
Ich will von hinnen führen gar stark und unverzagt
Ein Heer mit tapfern Helden von zwanzigtausend Mannen.
Die will ich dorthin führen, und wenn mir deren keiner käm'
von dannen."

Man sah an allen Enden sie reiten in das Land,
Nach denen die Frau Hilde vor kurzem hatt' gesandt.
Wie sie ihr dienen könnten, erstrebten sie aus Ehr',
Die Helden, die ankamen, beliefen sich auf sechzigtausend oder
mehr.

Von Waleis der Herr Morung, der hatte auf der Flut
Lastschiffe sechzig starke, von festem Holz und gut.
Was die von Leuten konnten hin zu den Hegelingen
Nur tragen auf dem Meere, die wollte er zu Frau Gudrunen
bringen.

Man brachte reiche Schiffe auch her von dem Nordland;
Sehr stattlich war bei ihnen das Roß wie das Gewand,
Und alles war geschmücket zu dem Entscheidungskrieg,
Die Helme wie die Waffen; sie führten Rüstung mit gar
ritterlich.

Man zählte nach den Schilden, wieviel es mochten sein,
Die jetzt der schönen Hilde das edle Mägdelein
Zurücke bringen sollten aus dem Normannenland.
Das waren siebzigtausend; die Frau beschenkte sie mit frei-
gebiger Hand.

Wer angekommen ging wohl nach Hofe seine Straßen,
Da hat die Freudenlose es selten unterlassen,
Entgegen ging sie ihnen, besonders grüßte sie.
Den auserwählten Degen gab reich're Kleidung man noch nie.

Frau Hildens Kiele waren schon ganz bereit dazu,
Wenn sie abfahren sollten des nächsten Morgens fruh,
Doch zieme volle Rüstung den ruhmesreichen Gästen.
Sie wollt' sie nicht entlassen, bis sie an nichts mehr hätten
Gebresten.

Die Ankerseile waren von fester Seide gut,
Die Segel waren zahlreich, womit sie über die Flut
Vom Hegelingenlande zu den Normannen sollten,
Die der Frau Königin Hilde Gudrunen gerne wiederbringen
                                                wollten.
Der Schiffe Anker waren von Eisen nicht geschlagen,
Gegossen von Glockenspeise, sowie wir hören sagen,
Sie waren nur mit Messing aus Spanien beschlagen,
Damit den guten Helden Magnete keinen Schaden könnten
                                                tragen.
Die schöne Königin Hilde gar manche Spange bot
Herrn Waten und den Seinen. Davon dann mußten tot
Gar viele Helden liegen, als er mit Hegelingen
Aus König Hartmuts Burg nun die schöne Herrin sollte wieder
                                                bringen.
Darauf begann gar innig die Königin zu bitten
Die Herrn vom Dänenlande: „Was ihr bisher gestritten
In harten Volkeskämpfen, das lohn' ich euch mit Ehren;
Nur folget meinem Fähnrich, der kann euch wohl das beste
                                                lehren."
Sie fragten, wer der wäre. Das machte sie bekannt.
Sie sprach: „Das ist Held Horand, entstammt aus Dänenland.
Die Mutter sein war Schwester von König Hettel, dem reichen.
Wollt ihr euch ihm vertrauen, so sollt ihr in dem Kampf ihm
                                                nicht entweichen.
Ihr sollt auch nicht vergessen des lieben Sohnes mein,
Ihr Helden sehr vermessen, der ist der Tage sein
Jetzt kaum bei zwanzig Jahren, herangeblüht zum Mann,
Im Fall ihm jemand nachstellt, so helft ihm, gute Recken, dann."
Daß sie das gerne thäten, und wären sie dabei,
Gelobten sie zusammen; er käme schadenfrei
Wohl heim nach seinem Lande, wenn er gefolgt bestimmt.
Darüber war Held Ortwein nach seinen jungen Sitten nicht
                                                ergrimmt.

VI. Die Heerfahrt der Hegelingen.

Es ward nun zu den Schiffen geführet und getragen,
Daß euch die Menge keiner wohl gänzlich könnte sagen.
Sie nahmen darauf Abschied zu gehn an ihr Arbeiten.
Den reichen Christ im Himmel die schöne Hilde bat, sie zu
geleiten.

Gar vielen, die mitfuhren, der Vater war erschlagen;
Die tapfern Waisen wollten den Schaden nicht ertragen.
Auch weinten viel der Frauen im Land der Hegelingen,
Wann ihnen Gott im Himmel die lieben Kinder möchte wieder=
bringen.

In ihrem Sinne mochten sie's weiter nicht ertragen
Und wollten da die Leute nicht länger lassen klagen;
Sie zogen ab von dannen mit Freuden und mit Schalle.
Als sie zu Schiffe gingen, hört' man die guten Ritter singen alle.

Als man nun hatte von hier die Leute scheiden seh'n,
Da sah man viele Frauen noch an den Fenstern steh'n.
Sie folgten mit den Augen, soweit sie immer konnten
Herab von Matelane, den Helden, als sie abzufahren begonnten.

Es krachten die Mastbäume, es weht' ein günst'ger Wind,
Es blähten sich viel Segel. Gar mancher Mutter Kind
Fuhr in der freud'gen Hoffnung, nur zu erwerben Ehr'.
Zu teil ward ihnen viele; doch mußten sie darnach sich mühen
sehr.

Nicht weiß ich zu berichten, was weiter dort gescheh'n,
Als daß man König Siegfried von Karade geseh'n,
Der fuhr mit seinem Volke den Recken bald entgegen
Und bracht' aus seinem Lande zehntausend schneller Volkes=
degen.

Am Wülpensande war es, wo einst getobt der Streit,
Da hatten sich entschlossen aus jedem Lande heut
Die Ritter all zusammen zu einer Sammelung.
Das Kloster war sehr reiche, es ward gar bald beschenkt von alt
und jung.

Die von den Schiffen waren gegangen aus dem Hafen,
Schied mancher von dem Grabe des Vaters, das sie trafen,
Mit solchem Zornesmute, daß es ward jenen schwer,
An denen sie erkannten, daß schädlich er im Streit gewesen
wär'.

Von Mooreland der König ward da empfangen wohl;
Lastschiffe vierundzwanzig bracht' er mit Leuten voll,
Dazu gar reichlich Speise, daß man in zwanzig Jahren
Nicht Mangel haben sollte. Sie wollten gegen die Normannen
fahren.

Sie stießen vom Gestade, so gut als sie es dann
Mit ihren Schiffen konnten. Von ihnen ward gethan
Drauf große Müh' und Arbeit dort auf der breiten Flut.
Was half's, daß sie da führte der alte Wate und der Däne
Frut'?

Die Winde kamen südwärts, verschlugen auf der See
Das edle Ingesinde, davon ward ihnen weh,
Daß sie mit tausend Seilen den Grund nicht finden konnten.
Drum ihre besten Leute zumeist zu weinen da begonnten.

Zu Givers vor dem Berge da lag Frau Hildens Heer.
Wie gut die Anker waren, doch hat das dunkle Meer
Mit den Magnetensteinen sie fest an sich gezogen,
Und ihre guten Mastbäum' gar alle wurden gebogen.

Als nun das Volk voll Jammer den Thränen sich ergab,
Da sprach der alte Wate: „Laßt fallen nun hinab
In die grundlosen Fluten jetzt unsrer Anker Schwere.
Man spricht von manchen Dingen, dabei ich gern zuweilen
wäre.

Seitdem hier liegt verirret von unsrer Frau das Heer
Und wir so fern gekommen sind auf das finstre Meer,
Von Kind auf hört' ich sagen von einer Wassermäre,
Daß in dem Berg zu Givers ein weites Königreich bewohnet
wäre.

VI. Die Heerfahrt der Hegelingen.

Dort lebt das Volk gar herrlich, denn so reich ist ihr Land,
Daß, wo das Wasser aufhört, von Silber ist der Sand,
Womit sie Burgen mauern. Das brauchen sie statt Steine.
Ihr Gold das ist das beste. Drum ihre Armut ist sehr kleine.

Und weiter hört' ich sagen, Gott wirket manches Werk,
Wen die Magneten bringen hinüber nach dem Berg,
Daß, wer des Landes Winde nur je erwarten kann,
Mit seinem Stamm für immer ist früh und spät ein reicher Mann.

Auf, essen wir die Speise, ob's uns gelinge wohl,"
Sprach Wate der viel weise, „so woll'n wir füllen voll
Die Schiffe von uns allen mit edelem Gestein,
Daß, wenn wir wiederkehren, daheim noch können fröhlich sein."

Da sprach der Däne Frute: „Eh' mich die Windesstille
Und meine Fahrtgenossen mit solchem Weh erfülle,
So schwör' ich tausend Eide, ich will kein Gut gewinnen,
Kann ich von diesem Berge mit gutem Wind aus aller Not entrinnen."

Die, welche Christen waren, vollbrachten ihr Gebet.
Da nun die Schiffe standen ganz fest an einer Stätt'
Vier ganze lange Tage, ich wähne, wohl noch mehr,
So sorgten, daß sie kämen von dannen nie, die Hegelingen sehr.

Der Nebel hob sich höher, sowie es Gott gebot;
Da legten sich die Wogen, sie kamen außer Not,
Und durch das große Dunkel sah'n sie den Glanz der Sonnen,
Drauf kam ein Wind von Westen; und ihre Not war ganz zerronnen.

Der trieb sie eine Weile nach Givers vor den Berg
Wohl sechsundzwanzig Meilen, wo man nun Gottes Werk,
Dazu auch seine Hülfe in Demut wohl ersah.
Mit dem Gesind' Herr Wate war dem Magneten kommen allzu nah.

Zu fließendem Gewässer sie waren jetzt gekommen;
Nicht büßten sie die Sünden. Wenn ihnen war benommen
Ein großer Teil der Sorgen, Gott gönnt' es ihnen nicht,
Als gerade ihren Schiffen das Land der Normandie gelangt'
in Sicht.

Ganz neue Klagetöne alsbalde huben an;
Es krachten die Schiffswände, zu schwanken da begann
Der Kiel von allen Schiffen von den Grundwellen sehr.
Da sprach der Degen Ortwein: „Wir müssen schwer erkaufen
unsre Ehr'."

Da rief der Schiffer einer: „O über diese Not,
Daß wir zu Givers lagen nicht vor dem Berge tot!
Wen Gott bereits vergessen, wie mag sich der behüten?
Ihr Helden sehr vermessen, das Meer will wieder toben und
wüten."

Da rief von Dänemarke der kühne Held Horand:
„Beruhigt euch, ihr Degen, mir ist gar wohl bekannt,
Der Wind wird niemand schaden; es sind nur Westerwinde."
Drob freute sich der Kunde von Karadie der König samt
Gesinde.

Horand der schnelle oben bald in den Mastkorb stieß,
Wo er sah viele Wellen, die Blicke schweifen ließ
Er in die ferne Weite. Man hört' vom selben Herrn:
„Ihr könnet ruhig warten; wir sind der Normandie nicht
gar zu fern."

Da hieß man niederlassen die Segel im ganzen Heer,
Als einen Berg sie sahen vor sich im vollen Meer,
Dazu noch vor dem Berge ein schöner Wald gar weit.
Dahin empfahl zu fahren Herr Wate seinen Helden zu der Zeit.

Sie fuhren vor dem Berge hin an denselben Wald;
Sie mußten Vorsicht brauchen die kühnen Recken bald.
Sie senkten ihre Anker hinab zum Meeresgrunde
Und lagen in der Wildnis, damit von ihnen niemand hätte
Kunde.

VI. Die Heerfahrt der Hegelingen.

Um auszuruhen fuhren alsbald sie an den Strand.
Hei was man da die Fülle von guten Dingen fand!
Gar frische, kühle Quellen, die flossen nach dem Tann
Hernieder von dem Berge; des freuten sich die wassermüden
Mann.

Indessen da die Leute in Ruhe sollten liegen,
Da war der Degen Frold auf einen Baum gestiegen,
Der war von großer Höhe. Ausschaut' er also gleich,
Wohin sie von hier müßten. Da sah er grad' in das
Normannenreich.

„Nun freut euch, junge Leute," sprach da der junge Mann.
Die Sorge mein ist minder, seitdem ich sehen kann
Wohl sieben reiche Paläste und einen Saal sehr weit;
Wir sind bei den Normannen schon morgen vor der Mittagszeit."

Da sprach der kluge Wate: „So tragt uns an den Strand
Die Schilde und die Waffen und euer Streitgewand,
Und macht euch selbst geschäftig, die Knechte heißet dienen,
Die Rosse zuzureiten und Helm und Rüstung zu beriemen.

Wenn einer von euch etwa nicht gute Rüstung hat,
Wie sie zum Kampf gehöret, so weiß ich dafür Rat.
Fünfhundert Panzer hat uns die Königin Frau Hilde
Zugleich hierher gesendet, die geben wir den guten Rittern
milde."

Man führte bald die Rosse hinüber auf den Strand.
Was man von guten Decken und von Schabracken fand,
Erprobten an den Rossen die Ritter und die Knechte,
Was ihnen passend wäre. Da nahm ein jeder das ihm Rechte.

Man ließ die Rosse springen entlang dem weiten Strand,
Die Breite und die Länge, wobei man manche fand,
Die steif geworden waren und konnten nicht mehr springen,
Weil sie zu lang' gestanden. Sogleich hieß Wate sie umbringen.

Dann machten sie ein Feuer, und reiche Speise gut,
Die beste, die sie fanden, hier an des Meeres Flut,
Die hieß man zubereiten den heimatlosen Gästen,
Daß sie der Ruh' noch ferne, das wußten sie wohl selbst
am besten.

Sie pflegten nachts der Ruhe bis an den nächsten Tag.
Herr Wate und Herr Frute mit Ortwein Rates pflag;
Allein zu sprechen gingen sie nach dem wilden Strande,
Wie denen sie es lohnten, die ihre Burgen brachen, hier
im Lande.

„Wir sollten Boten senden," sprach damals Ortewein,
„Daß sie uns Kunde brächten von der lieben Schwester mein
Und von den Heimatlosen, ob noch die Mädchen leben;
Wenn ich nur an sie denke, bin ich dem Herzleid hingegeben."

Sie rieten, wer da wäre, der Bote könnte sein,
Der ihnen Kunde brächte, wo man die Mägdelein
Auch ganz bestimmt und sicher im Lande finden könnte,
Der aber vor den Feinden das Forschen zu verhehlen wohl
verstände.

Von Ortland sprach alsbalde der Degen Ortewein,
Ein Held von kühner Thatkraft: „Ich will der Bote sein.
Gudrun ist meine Schwester von Vater und von Mutter,
Und unter allen Rittern ist nicht ein Bote so ein guter."

Da sprach der König Herwig: „Ich will der andre sein,
Mit dir will ich ersterben, wo nicht, mich mit dir freu'n.
Die Maid war deine Schwester, mir gab man sie zum Weibe;
Von ihrem Dienste nimmer ich einen Tag nur ferne bleibe."

Gar zornig sprach Herr Wate: „Das wäre kind'scher Mut,
Ihr Helden auserkoren. Daß ihr das ja nicht thut,
Verachtet meinen Rat nicht, getreu geb' ich ihn euch.
Wenn Hartmut euch bemerket, so läßt er an den Galgen
euch hängen gleich."

Da sprach der König Herwig: „Geh's übel oder wohl,
Da nun der Freund dem Freunde mit Dienst beistehen soll,
So wollen ich und Ortwein auch nimmermehr absteh'n,
Wie's uns auch mag gelingen, daß wir nicht Gudrun sollten
seh'n."

Die ihnen Treu' gelobt einst, bejammerten nun das,
Sie hatten alle Furcht vor des Königs Ludwig Haß,
Daß sie nicht andre Boten von sich aus konnten senden.
Und einige gedachten: „Jetzt kann ihr Ende niemand mehr
abwenden."

Sie hatten in dem Rate gekämpft den ganzen Tag.
Drum war es spät geworden. Der Schein der Sonne lag
Verborgen hinter Wolken zu Gulstrate fern.
Drum mußten noch verweilen Ortwein und Herwig, die Herrn.

VII. Die Botschaft.

Wir schweigen von den Degen; ich will euch lassen wissen,
Die gern in Freuden wären, wie sie es hätten müssen,
Daß die da waschen mußten dort in dem fremden Lande;
Denn Gudrun wie auch Hildburg, die wuschen alle Zeit an
einem Strande.

Es war die Zeit der Fasten, gerade um Mittag;
Ein Vogel kam geschwommen, zu welchem Gudrun sprach:
„O weh, du schöner Vogel, du dauerst mich so sehr,
Daß du so weit geschwommen auf dieser Flut," sprach da
die Jungfrau hehr.

Mit eines Menschen Stimme antwortend er begann,
Der hehre Gottesengel, als wäre er ein Mann:
„Ich bin ein Bote Gottes; verstehst du mich zu fragen,
O hehre, edle Jungfrau, werd' ich von den Verwandten all'
dir sagen."

Als nun die hehre Jungfrau die Stimme da vernahm,
Da wollte sie's nicht glauben, daß je so wundersam
Der wilde Vogel könnte ihr geben solche Kunde,
Doch hört' sie seine Stimme, als wenn sie käm' aus eines
    Menschen Munde.

Da sprach der hehre Engel: „Du kannst dir's wohl verseh'n,
Du heimatlose Jungfrau, dir soll viel Freud' gescheh'n.
Wenn du mich nur willst fragen nach der Verwandten Lande,
So bin ich dir ein Bote, da Gott mich dir zum Troste
    hierher sandte."

Am Strande fiel die edle Frau Gudrun auf die Knie
In Kreuzgestalt, die Arme ausstreckend, betet' sie.
Zu Hildburg sagte sie drauf: „O wohl uns dieser Ehr',
Daß unsrer Gott gedenket, wir woll'n nun auch nicht weiter
    trauern mehr."

Da sprach die Gottverlaß'ne: „Da dich Herr Christ gesandt
Uns heimatlosen Frauen zum Trost in dieses Land,
So laß mich jetzt vernehmen, o Bote, du viel guter,
Lebt irgendwo noch Hilde? Das war der armen Gudrun
    Mutter."

Da sprach der hehre Vogel: „Ich will es dir gesteh'n,
Frau Hilden, deine Mutter, hab' ich gesund geseh'n,
Als sie das größte Heer dir gesandt in diese Lande,
Das Wittwen und Verwandte um lieber Freunde willen je
    absandte."

Da sprach die edle Jungfrau: „Du edler Bote hehr,
Laß dich das nicht verdrießen, ich will dich fragen mehr;
Lebt irgendwo noch Ortwein, der König von Ortlande,
Und auch mein Friedel Herwig? Die Kunde ich sehr gerne
    wohl erkannte."

Da sprach der hehre Engel: „Das thue ich dir kund,
Herr Ortwein und Herr Herwig sind beide wohl gesund,
Die sah ich auf der Fläche hin durch die Meereswogen.
Die heldenhaften Degen ganz gleich an einem Ruder zogen."

VII. Die Botschaft.

Sie sprach: „Nun sage mehr noch, ist dir das wohl bekannt,
Ob Jrold oder Morung gekommen in dies Land,
Du hehrer, edler Bote? Gern möcht' ich das erfahren,
Ich sähe sie sehr gerne, da sie Verwandte meines Vaters waren."

Da sprach der hehre Bote: „Das will ich dir gestehen,
Ich habe heute Jrung und Morungen gesehen.
Sie wollen willig dienen nur euch, ihr schönen Frauen.
Sind sie erst hier im Lande, so werden sie wohl Helme viel
zerhauen."

Da sprach der hehre Engel: „Ich will nun gehen hin,
Gott wahre eure Ehre, da ich geschäftig bin.
Es ist mir nicht befohlen, daß ich soll reden mehr."
Er schwand vor ihren Augen; darüber klagten da die Jung=
frau'n sehr.

Da sprach Frau Hildens Tochter: „Es ist mir leid ohn'
Maßen,
Daß mir, wonach ich forschte, ganz unbekannt gelassen.
Ich heiße dir bei Christo, eh' du von hinnen scheidest,
Daß du von meinen Sorgen mich arme Königin erst befreitest."

Er schwebt' vor ihren Augen, gerade als wie eh'.
„Eh' unser beider Scheiden von dir und mir gescheh',
Kann ich dir irgend dienen, mich's nicht verdrießen soll,
Da du bei Christo bittest, künd' ich von den Verwandten
dein dir wohl."

Sie sprach: „Dann hört' ich gerne, wenn du es hast
vernommen,
Ob wohl von Dänemarke Herr Horand wird herkommen
Mit seinen tapfern Helden, die mich in Sorgen ließen.
Ich kenne ihn so bieder, daß sein ich arme Maid wohl möcht'
genießen."

„Es kommt zu dir der Däne Horand, der Neffe dein,
Zum starken Kampf gerüstet, er und die Recken sein;
Er soll Frau Hildens Fahne hertragen in der Hand,
Wenn jetzt die Hegelingen einzieh'n in König Hartmuts Land."

Darauf entgegnet' Gudrun: „Kannst du mir nun wohl sagen,
Ob Wate lebt von Stürmen? So wollte ich nicht klagen;
Drob freuten wir uns alle, wenn einmal das geschähe,
Daß ich den alten Fruten bei meiner Mutter Fahne wieder
sähe."

Da sprach der Engel wieder: „Dir kommt in dieses Land
Herr Wate von den Stürmen, der hat an seiner Hand
Ein starkes Steuerruder in einem Kiel bei Fruten.
Wohl keine bessern Freunde darfst du bei dem Entscheidungs=
kampf vermuten."

Da wollte nun der Engel von ihnen scheiden hin.
Da sprach die Gottverlaß'ne: „In Sorgen ich noch bin.
Ich möchte gerne wissen, wie bald das wohl geschähe,
Daß ich, die Heimatlose, die Boten meiner Mutter Hilde sehe."

Der Engel ihr erwidert': „Dir fällt nur Freude zu;
Es werden zu dir kommen zwei Boten morgen früh',
Die sind so biedern Sinnes, daß sie dich nicht betrügen,
Was sie dir künden mögen, daß sie dir dabei nichts vorlügen."

Von ihnen scheiden mußte der Gottesbote hehr;
Die heimatlosen Frauen, die fragten jetzt nicht mehr.
In ihrem Sinne war es bald ihnen lieb, bald schwer,
Wo, was da helfen sollte, das teure Ingesinde wär'.

Sie wuschen desto läss'ger am Tage das Gewand
Und sprachen von den Helden, die ihnen hergesandt
Aus Hegelingenlande die reiche Königin;
Auf Gudruns Freunde hofften die Mägdlein mit gar sehr
besorgtem Sinn.

Der Tag war nun zu Ende; nach Hause sollten geh'n
Die heimatlosen Mädchen, wo ihnen sollt' gescheh'n
Gar zornigliches Strafen der bösen Frau Gerlinde.
Das unterließ sie selten, sie zürnte mit dem edlen Ingesinde.

VII. Die Botschaft.

Da sprach sie zu den Frauen: „Wer gab euch denn den Rat,
Daß ihr so lässig waschet die Leinwand und den Staat?
Auch meine weiße Seide, die bleichet ihr zu träge.
Die's nicht beachten wollen, erhalten dafür unter Weinen
Schläge."
Zu ihr sprach drauf Frau Hildburg: „Wir thun, was wir
vermögen;
Ihr werdet doch wohl Milde, o Herrin, für uns hegen.
Uns armes Ingesinde ergreift der Frost oft sehr,
Wär' es nur warmes Wetter, so wüschen wir euch desto mehr."
Ihr rief die böse Gerlind in ihrer Bosheit zu:
„Ihr sollt euch nimmer säumen, wie auch das Wetter thu',
Das Waschen meiner Leinen soll früh und spät gescheh'n,
Sobald's beginnt zu tagen, sollt ihr von meinem Zimmer
waschen geh'n.
Uns nahen hohe Feste, das habt ihr wohl vernommen,
Palmsonntag ist ganz nahe, da werden Gäste kommen.
Gebt ihr nicht jedem Helden sein weißgewasch'nes Kleid,
So trifft wohl keine Wäscherin im Königshaus noch auf der
Welt mehr Leid."
Darauf sie von ihr gingen. Sie legten von sich naß
Die Kleider, die sie trugen, man sollt' sie pflegen baß,
Doch ihnen war die Hoffnung da leider ganz zerronnen;
Das mochte sie betrüben. Ihr Abendbrot war Roggenbrot
und Bronnen.
Das arme Ingesinde nun schlafen ging im Leide.
Nicht weich war'n sie gebettet; sie trugen an sich beide
Nichts als zwei schwarze Hemden. So konnte sie bedenken
Die böse Frau Gerlinde; sie ließ sie ohne Kissen ruh'n auf
harten Bänken.
Die arme Jungfrau Gudrun unsanft gebettet lag.
Sie konnten's kaum erwarten, bis daß der Tag anbrach,
Und schliefen desto wen'ger, da sie wohl daran dachten,
Wann ihnen denn die Vögel die guten Ritter in dies Land
herbrachten.

Da es begann zu tagen, dicht an ein Fenster trat,
Die schon die ganze Nacht durch unsanft gelegen hat,
Die edle Jungfrau Hildburg aus dem Galizierlande.
Da war viel Schnee gefallen; das war den Armen leid und
viele Schande.

Da sprach die Heimatlose: „Wir sollten waschen recht,
Es sei, daß Gott es wende. Das Wetter ist so schlecht,
Daß, wenn wir heute waschen, wir noch vor Abends Stunden
Also barfüßig werden vielleicht tot aufgefunden."

Doch freut' sie sich der Hoffnung, wie's auch nur sollt'
gescheh'n,
Daß sie die Boten Hildens am Tage sollten seh'n.
Wenn sie daran gedachten die minniglichen Maide,
Die ihnen brachten Freude und Trost, war ihnen nicht mehr
so zu Leide.

Da sprach Frau Hildens Tochter: „O Freundin, du sollst
sagen
Der bösen Frau Gerlinde, daß sie uns heut' läßt tragen
Zum Meere unsre Schuhe. Sie mag das selber seh'n,
Daß wir zu Tod erfrieren, wenn wir dorthin nur barfuß
geh'n."

In ihrem Schlafe hörte sie so sie klagend steh'n;
Drauf fing sie an zu schelten die Maid so hold und schön.
Sie sprach: „Nun sagt, warum ihr nicht geht zum Strande
wieder
Und waschet meine Kleider, daß klares Wasser fließt her-
nieder?"

Da sprach die Heimatlose: „Ich weiß nicht, wie ich geh';
Bei Nacht ist ja gefallen ein großer, starker Schnee,
Ihr wollt uns mit dem Tode es doch nicht lassen büßen,
Wir müssen heute sterben, wenn wir nicht Schuhe tragen an
den Füßen."

VII. Die Botschaft.

Da sprach die Wölfin: „Ich will, daß dieses nicht gescheh',
Ihr müsset drum von hinnen, sei's sanft euch oder weh.
Ihr sollt mir fleißig waschen, sonst mach' ich's euch sehr leide.
Was liegt an eurem Tode?" Da weinten die sehr armen
          Frauen beide.

Drauf nahmen sie die Kleider und gingen fort alsdann.
„Nun gebe Gott," sprach Gudrun, „daß ich euch mahne dran."
Mit ihren bloßen Füßen sie wateten durch den Schnee.
Es that den edlen Mädchen die Heimatlosigkeit sehr weh.

Wie sie gewohnt, so gingen sie wieder an den Strand;
Sie standen da und wuschen von neuem das Gewand,
Das sie getragen hatten hernieder zu dem Strand.
Sie mochten ihre Hoffnung als eitel haben schon erkannt.

Sehr oft sie schweifen ließen vor sich hin auf die Flut
Gar sehnsuchtsvolle Blicke, woher die Boten gut
Zu ihnen kommen sollten, die aus dem Vaterlande
Die reiche, mächt'ge Königin dem edlen Ingesinde dorthin
          sandte.

Als sie schon lang' gewartet, da sah'n sie auf dem Meer
In einem Schiff zwei Männer, sonst aber niemand mehr.
Da sagte die Frau Hildburg zu Frau Gudrun, der reichen:
„Dort seh' ich zweie fahren, die können deinen Boten gar
          wohl gleichen."

Da sprach die Jammervolle: „O weh mir armen Maid!
Mir ist im ganzen Herzen jetzt beides, Lieb' und Leid.
Sind es Frau Hildens Boten, so werden sie mich finden,
Hier waschend an dem Strande; die Schande kann ich nimmer
          überwinden.

O ich von Gott verlaß'ne, ich weiß nicht, was ich thu',
O liebe Freundin Hildburg, gieb deinen Rat dazu.
Soll ich von hinnen weichen, daß man mich hier nicht finde
In dieser großen Schande? Eh'r wollt' ich immer heißen In=
          gesinde."

Da sagte die Frau Hildburg: „Ihr seht wohl, wie es steht.
Ihr sollt mir nicht befehlen, daß Rat von mir ergeht.
Ich will mit euch gern leisten das alles, was ihr thut,
Ich will auch bei euch bleiben und leiden, sei es böse oder
gut."
Sie wandten sich zu gehen und gingen beide dann.
Doch waren auch ganz nahe jetzt diese beiden Mann,
Daß sie die Wäscherinnen am Rande stehn geseh'n;
Sie wurden des wohl inne, daß von den Kleidern schnell sie
wollten geh'n.

Sie sprangen aus dem Schiffe und riefen ihnen nach:
„Ihr schönen Wäscherinnen, wohin ist euch so jach?
Wir sind ja fremde Leute, das könnt ihr an uns seh'n.
Wenn ihr von hinnen scheidet, so wird das reiche Leinen euch
entgeh'n."

Sie thaten so, als hätten sie eben nichts vernommen,
Obwohl zu ihren Ohren die Stimme war gekommen.
Es hatte der Herr Herwig gerufen etwas laut;
Er hatte keine Kunde, daß er so nahe stände seiner Braut.

Es war zur Zeit, da eben der Winter sich verzieht,
Und daß im Wettgesange die Vögelein ihr Lied
Anstimmen wollten fröhlich nun nach des Märzes Stunden;
Die armen Waisen wurden im Schnee und auch im Eise auf=
gefunden.

Mit starrem, flücht'gem Haare sie sie da stehen sah'n,
Wie sehr auch beider Häupter noch waren wohlgethan,
Verwirret war ihr Haupthaar von stürm'schen Märzes Wintern.
Es regnete und schneite, oft weh war da den edlen Kindern.

Den guten Morgen ihnen der edle Herwig bot,
Den heimatlosen Kindern. Das hätten sie oft not;
Denn ihre Meisterinne, die war ein Ungeheuer,
Ein guter Morgen, Abend war da den minniglichen Mädchen
teuer.

VII. Die Botschaft.

„Ihr sollt uns wissen lassen," sprach drauf Herr Ortewein,
„Wem diese reichen Kleider hier an dem Strande sei'n,
Für wen ihr diese waschet. Ihr beide seid so schöne;
Was thut er's euch zu Leide? Daß Gott im Himmel ihn doch
dafür höhne.

Ihr seid von solcher Schönheit, ihr könntet Kronen tragen,
Wenn man sie euch nur könnte als erblich auch zusagen,
Die Herrinnen des Landes zu sein mit großer Ehr'.
Dem ihr so schmählich dienet, hat der der schönen Wäsche-
rinnen mehr?"

Da sprach in tiefer Trauer das schöne Mägdelein:
„Er hat noch manche schöner, als wir wohl mögen sein.
Nun fraget, was ihr wollet. Doch unf're Meisterinne
Wird es uns nicht verzeihen, sieht sie uns sprechen mit euch
von der Zinne."

„Laßt es euch nicht verdrießen und nehmet unser Gold;
Vier schöne Spangen seien dafür auch euer Sold,
Daß ihr uns, schöne Frauen, es möget nicht versagen,
Wir geben es euch gerne, daß ihr uns sagt, wonach wir wollen
fragen."

„Gott laß bei euren Spangen euch immer glücklich sein;
Wir nehmen Lohn von euch nicht," sprach da das Mägdelein.
„Nun fraget, was ihr wollet, wir müssen bald von hinnen.
Sieht man uns bei euch beiden, so wird mir leid in allen
meinen Sinnen."

„Wem ist denn dieses Erbe und dieses reiche Land
Und auch die schönen Burgen? Wie ist er denn genannt,
Daß er euch ohne Kleider so schmählich lässet dienen?
Wollt' er auf Ehre halten, soll er's gewiß bei niemand sühnen."

Sie sprach: „Der Fürsten einer, der heißet Herr Hartmut,
Ihm dienen weite Lande und feste Burgen gut;
Der andre heißet Ludwig, Herr vom Normannenreich,
Ihm dienen viele Helden, sie sitzen in dem Land an Ehren
reich."

„Wir möchten sie gern sehen," sprach drauf Herr Ortewein.
„Könnt ihr uns nicht bescheiden, sehr schönes Mägdelein,
Wo ich die Fürsten beide in ihrem Lande finde?
Wir sind an sie gesendet und eines reichen Königs Jngesinde."

Da rief Gudrun die hehre den kühnen Helden zu:
„Ich ließ sie in der Burg schon des heut'gen Morgens fruh
In ihrem Bette liegen mit vierzighundert Mannen.
Doch weiß ich nicht zu sagen, ob sie indes geritten sind von
dannen."

Da sprach der König Herwig: „Könnt ihr uns nun auch
sagen,
Wozu die kühnen Recken so große Lasten tragen,
Daß sie mit so viel Helden da wohnen zu allen Zeiten?
Hätt' ich sie in dem Hause, ich wollte wohl ein Königreich
erstreiten."

„Uns sind nicht kund die Gründe," so sagten sie geschwind,
„Auch nicht, von welchen Grenzen der Fürsten Länder sind.
Ein Land liegt in der Ferne, das heißet Hegelingen,
Das fürchten sie beständig, daß sie von dorther arge Feinde
bringen."

Es zitterten vor Kälte die schönen Mägdelein.
Da sprach der König Herwig: „Wenn es doch könnte sein,
Daß es euch Minniglichen nicht dünkte eine Schande,
Und ihr, o edle Mädchen, die Mäntel von uns trüget an
dem Strande?"

Da sprach Frau Hildens Tochter: „Gott laß euch glücklich
sein
In eurer beider Mänteln. Denn an dem Leibe mein
Soll nimmer eines Augen je sehen Mannes Kleider."
Wenn sie es wissen könnten, daß ihnen wäre oft geschehen
leider!

VII. Die Botschaft.

Gar ofte blickte Herwig die schönen Jungfrau'n an;
Sie dünkte ihm so schöne und auch so wohlgethan,
Daß er aus vollem Herzen gar schwere Seufzer brachte.
Mit einer er verglich sie, der er gar oft in großer Lieb' ge=
dachte.

Darauf sprach aber Ortwein, der König von Ortland:
„Ich frag' euch beide, Mägdlein, ist etwa euch bekannt
Von einem Heergesinde, das einst kam in dies Land?
Darunter war auch eine, die war Gudrun genannt."

Da sprach die schöne Jungfrau: „Bekannt ist mir's für=
wahr;
Es kam vor langen Zeiten her eine Dienerschar,
Aus einem großen Kriege bracht' man sie an den Strand.
Die heimatlosen Frauen gelangten jämmerlich in dieses Land."

Sie sprach: „Die ihr da suchet, die hab' ich wohl geseh'n
In harter Arbeit thätig, das will ich euch gesteh'n."
Sie war ja deren eine, die Hartmut dahin brachte;
Es war die Gudrun selber, darum sie desto besser dran ge=
dachte.

Da sprach der König Herwig: „Nun seht, Herr Ortewein,
Soll eure Schwester Gudrun noch sonst am Leben sein
In irgend einem Lande vom ganzen Erdenreich,
So ist sie das hier selber. Nie sah ich eine jemals ihr so
gleich."

Da sprach der König Ortwein: „Sie ist sehr minniglich,
Doch meiner Schwester Gudrun durchaus nicht ähnlich.
Seit unsrer beider Jugend gedenk' ich noch der Stunden,
Daß man in aller Welt nicht so schönes Mädchen hätte je
gefunden."

Da er nun also nannte sich selbst, der kühne Mann,
Daß Ortwein sei sein Name, da sah ihn darauf an
Die arme Jungfrau Gudrun. Ob es ihr Bruder wär',
Möcht' sie sehr gerne wissen; ein Ende hätte dann all ihr'
Beschwer.

„Wie ihr auch heißen möget, ihr seid sehr lobelich.
Ich kannte früher einen, dem seid ihr ähnelich,
Der war geheißen Herwig und stammte von Seelanden.
Wenn dieser Held noch lebte, er würde uns befrei'n aus
diesen Banden.
Ich bin auch deren eine, die einst Hartmutens Heer
Im Kampfe hat gefangen geführet über's Meer.
Wenn ihr jetzt suchet Gudrun, so thut ihr's ohne Not;
Die Maid von Hegelingen ist von der Arbeit lange tot."

Von Thränen flossen über Herrn Ortweins Augenlicht,
Auch König Herwigs Augen, die blieben trocken nicht.
Da sie verkündet hatte, daß schon gestorben wär'
Die schöne Jungfrau Gudrun, so hatten diese Helden groß'
Beschwer.

Da sie sie beide weinend nun also vor sich sah,
Die heimatlose Maid sprach zu ihnen dieses da:
„Ihr thut gerade also und seid, als ob euch wäre,
Daß Frau Gudrun, die edle, zu den Verwandten eures
Stamms gehöre."

Da sprach der König Herwig: „Ich traur' um ihren Leib
Bis an mein Lebens Ende. Die Jungfrau war mein Weib.
Sie war mir schon verlobet mit Eiden fest und stäte,
Drauf mußt' ich sie verlieren durch Ludwigs böse Räte."

„Ihr wollt mich nur betrügen," sprach drauf die arme
Magd.
„Von Herwigs Tode ist mir bereits schon viel gesagt.
Von aller Welt die Freuden, die würde ich gewinnen,
Wär' er nur noch am Leben; er hätte mich schon längst ge=
führt von hinnen."

Da sprach der edle Ritter: „Nun seht an meiner Hand,
Ob ihr das Gold erkennet; also bin ich genannt.
Damit ward ich verlobet, um Frau Gudrun zu minnen.
Wenn ihr dann meine Frau seid, so führ' ich euch gar
minniglich von hinnen."

VII. Die Botschaft.

Nach seiner Hand sie blickte; sie sah des Ringes Schein,
Da lag in reinem Golde von Abalie ein Stein,
Der beste, den mit Augen auf Erden sie gekannt,
Den hatte die Frau Gudrun, die schöne, einst getragen an
der Hand.

Sie lächelte vor Freuden. Da sprach das Mägdelein:
„Das Gold ich gar wohl kenne, vordem da war es mein.
Nun sollt ihr sehen dies hier, das mir mein Friedel sandte,
Als ich nun armes Mödchen noch war mit Lust in meines
Vaters Lande."

Er sah ihr nach den Händen. Als er das Gold ersah,
Der edle König Herwig zu Gudrun sagte da:
„Dich trug gewiß kein andrer, als nur vom Königsstamm,
Nun seh' nach manchem Leid ich, wie Freud' und Wonne
mir zukam."

Er schloß sie in die Arme, die hehre, schöne Maid;
Denn ihrer beider Kunde war ihnen lieb und leid.
Nicht weiß ich, wie oft er küßte die reiche Königin,
Dazu auch die Frau Hildburg, die heimatlosen Frau'n, in
treuem Sinn.

Da sprach der König Herwig: „Das können wir gesteh'n,
Daß uns auf dieser Reise ist großes Glück gescheh'n,
So daß es uns wohl konnte nie besser sonst gelingen.
Drum sollen wir jetzt eilen, daß wir sie von der Feste weiter
bringen."

Da sprach Ortwein: „Ich will nicht, daß dieses jetzt gescheh',
Und hätt' ich hundert Schwestern, ich ließ sie sterben, eh'
Ich mich in fremdem Lande mit starkem Heer verhehle,
Daß ich den grimmen Feinden, die man im Kampf geraubt,
jetzt stehle."

Da sprach der Held von Seeland: „Das ist die Sorge mein,
Daß, wird man unsrer inne, wie wir die Mägdelein
Entführen wollen ferne, (drum müssen List wir brauchen)
Man uns von ihnen keine je wiedersehen läßt mit unsern Augen."

Darauf entgegnet' Ortwein: „Im Stiche ließen wir
Das edle Ingesinde, das lang' gewartet hier
In diesem fremden Reiche, daß sie's wohl mag verdrießen.
Die Mädchen sollen alle auch meiner Schwester, Frau Gudrun,
genießen."

Da sprach der Degen Herwig: „Was hast du denn im Sinn?
Ich will die liebe Traute zur Heimat führen hin;
Dann thun wir, was wir können, auch für die andern Frauen.'
Da sprach der Degen Ortwein: „Eh' ließ' ich mit dem
Schwerte mich zerhauen."

Da sprach sie trüben Mutes: „Was hab' ich dir gethan,
Viel lieber Bruder Ortwein, da ich mich niemals kann
Der Art betragen haben, daß man mich möchte schelten?
Ich weiß nicht, edler Fürste, um welche Dinge du mich's
läßt entgelten."

„Ich thu' es, liebe Schwester, ja nicht aus Haß zu dir,
Es bleiben desto besser die schönen Maid bei dir.
Ich kann dich nicht von hinnen wegführen als mit Ehren.
Doch sollst du Herwig haben, den holden Friedel dein, den
hehren."

Sie gingen nach dem Schiffe. Da klagt' die schöne Maid,
Sie sprach: „O weh mir Armen, nun ist endlos mein Leid.
Auf den ich immer hoffte, daß er mich sollt' befrei'n,
Soll ich nun den verachten? Gar fern wird mir mein
Glück noch sein."

Die tapfern Degen eilten von dem Gestade jach.
Da rief die arme Gudrun dem König Herwig nach:
„Vordem war ich die beste, nun macht man mich zu bös'ten;
Wem lässest du mich Arme? Wes soll ich Waise sonst mich
noch getrösten?"

VII. Die Botschaft

„Du bist mir nicht die bös'te, du sollst die beste sein;
Viel edle Königinne, verbirg die Reise mein.
Noch vor des Morgens Scheine bin ich vor diesem Haus,
Das glaube auf mein Wort mir, mit achtzigtausend Mann
zieh' ich heraus."

Sie fuhren, wie sie konnten, nun fort sehr balde dann.
Da ward ein härt'res Scheiden von Freunden dort gethan,
Als jemals Freunde thaten, das Leugnen mag nicht taugen,
So fern sie immer konnten, verfolgten sie die Boten mit
den Augen.

Der Wäsche da vergaßen die hehren Frau'n geschwind.
Das hatte wahrgenommen die böse Frau Gerlind,
Daß sie ganz müßig standen da unten an dem Strande,
Worüber sie sehr zürnte; sie hatt' an ihrer Wäsche Leib und
Schande.

Da sprach zu ihr Frau Hildburg, die Jungfrau aus Irland:
„Warum laßt ihr, o Königin, hier liegen das Gewand,
Daß ihr nicht weiter waschet den Mannen Ludwigs Kleider?
Wird das Frau Gerlind inne, so thut sie uns mit Schlägen
niemals leider."

Da sprach Frau Hildens Tochter: „Dazu bin ich zu hehr,
Daß ich für Frau Gerlinde noch jemals wasche mehr.
Solch niedre Dienste werde ich nun fortan verschmäh'n.
Mich küßten heut zwei Könige und wollten sich von mir
umarmet seh'n."

Darauf erwidert' Hildburg: „Laßt euch das nicht sein leid,
Was ich euch jetzt will raten, daß wir noch bleichen Kleid,
Damit wir sie nicht schmutzig hintragen zum Gemach,
Sonst wird uns wohl der Rücken mit Schlägen noch bedeckt
hernach."

Da sprach die Enkelin Hagens: „Mir fliegt die Freude zu,
Dazu auch Trost und Wonne. Wenn einer mich bis fruh
Mit Ruten wollte schlagen, ich hoffte nicht zu sterben.
Die uns Leid anthun wollen, von denen muß erst mancher
noch verderben.

Jetzt will ich diese Kleider hintragen zu der Flut,
Sie soll'n es wohl erfahren," sprach da die Jungfrau gut,
„Daß ich wohl gleichen möge der freien Königin.
Ich werf' sie in die Fluten, damit sie fließen können frei
dahin."

Was Hildburg reden mochte, fort trug Frau Gudrun dann
Das Leinen von Gerlinde. Zu zürnen sie begann
Und warf mit ihren Händen sie fern hin in die Schlünde.
Sie schwammen eine Weile; ich weiß nicht, ob sie einer
wieder finde.

Nun war es spät geworden; als sie da eben geh'n
Vor König Ludwigs Burg hin, da fanden sie dort steh'n
Die böse Frau Gerlinde, die wartet' auf's Gesinde;
Die edlen Wäscherinnen begrüßte sie mit hartem Wort ge=
schwinde.

„Wer hat euch das erlaubet?" sprach da des Königs Weib.
„Dafür soll arg es büßen jetzt euer beider Leib,
Den Abend über'n Werder so späte noch zu geh'n,
Nicht ziemt's des Königs Weibe, in ihrem Zimmer euch gar
noch zu seh'n."

Sie sprach: „Nun sagt mir alsbald, warum denn thut
ihr das?
Verschmähet reiche Könige, verfolget sie mit Haß,
Und plaudert gegen Abend mit losen, bösen Knechten.
Wollt ihr erwerben Ehre, so kommt ihr wahrlich damit nicht
zum Rechten."

VII. Die Botschaft.

Da sprach die hehre Maid: „Was verläumdet ihr mich hie?
Da ich, die Gottverlaſſ'ne, gehabt die Abſicht nie,
Daß ich mit Hochgebor'nen wohl jemals ſprechen wollte,
Es ſeien denn Verwandte, mit denen ich mit Recht wohl
      reden ſollte."

„Nun ſchweig, du böſe Galle, du heißeſt lügen mich?
Dafür ſoll die Nacht kommen die Rache über dich,
Daß dir dein Zorn erſchallet ſo laut wohl niemals mehr.
Bevor ich davon laſſe, ſo ſoll es ſchmerzen deinen Rücken ſehr."

„Das möcht' ich widerraten," ſprach da die Jungfrau hehr,
„Ihr ſollt mit Ruten ſtrafen mich jetzo nimmermehr.
Ich ſtehe ja an Abkunft hoch über euren Leuten.
Drum möchte ſolche Züchtigung gar viel Verdruß euch leicht
      bereiten."

Da ſprach die grauſe Wölfin: „Wo ſind die Leinen mein,
Daß du ſo eingehüllet haſt da die Hände dein,
So recht in träger Muße geſteckt in deine Taſchen?
Leb' ich noch eine Weile, will ich dich anders lehren waſchen."

Da ſprach die Enkelin Hagens: „Ich hab' ſie liegen laſſen
Da unten an der Meersflut. Als ich ſie wollte faſſen
Und mit nach Hofe tragen, da waren ſie mir zu ſchwer.
Wenn ihr ſie nicht mehr ſchauet, ſo kümmert mich das meiner
      Treu' nicht mehr."

Da ſprach die Teufelinne: „Das bringt dir keine Freud'.
Bevor ich noch einſchlafe, geſchieht dir vieles Leid!"
Dann hieß ſie Ruten brechen aus Zäunen und ſie binden.
An unbarmherz'ger Züchtigung war damals ſehr gelegen
      Frau Gerlinden.

An einem Bettgeſtelle ſie ſie drauf binden hieß,
Und in dem öden Zimmer ſie niemand bei ihr ließ.
Die Haut wollt' ſie der Schönen abſchlagen von den Beinen.
Als das die Frau'n erfuhren, begannen ſie gar laut zu weinen.

Mit List sprach da Frau Gudrun: „Das will ich euch
          jetzt sagen,
Werd' ich mit diesen Ruten in dieser Nacht geschlagen,
Und sieht mich je ein Auge bei reichen Königen steh'n,
Wo ich die Krone trage, so wird euch sicher euer Lohn gescheh'n.
Drum möget ihr die Züchtigung mir jetzt erlassen gern,
Eh' will ich, den ich abwies, nun lieben als meinen Herrn.
Als Königin der Normannen will ich hier einhergehen;
Werd' ich jemals gewaltig, so thu' ich, das sich niemand mag
          versehen."
Da sprach die Frau Gerlinde: „Dann lass' ich meinen Zorn,
Und wenn du tausend Leinen mir hättest heut verlor'n,
Ich wollte sie verschmerzen. Wohl käm' es dir zu gut,
Wenn vom Normannenlande du minnen willst fortan den
          Fürst Hartmut."
Da sprach die schöne Jungfrau: „Ich will es holen nach,
Denn diese vielen Qualen ich nicht erdulden mag.
Den König der Normannen bitt' ich zu laden ein,
Was der mir auch gebietet, so will ich immer weiter sein."
Die diese Rede hörten, die liefen fort alsdann;
Dem starken König Hartmut ward es da kund gethan,
Als gerade bei ihm sassen viel seines Vaters Mannen.
Die Kunde bracht' ihm einer, dass er sofort zu Gudrun ging
          von dannen.
Der sagt' ihm laut vor allen: „Gebt mir das Botenbrot!
Der schönen Hilde Tochter euch ihren Dienst entbot,
Dass ihr doch kommen wolltet zu ihr in ihr Gemach,
Sie will euch nimmer meiden, da sie seither des bessern
          Rates pflag."
Da sprach der edle Ritter: „Du lügest ohne Not,
Denn wäre wahr die Kunde, ich gäb' als Botenbrot
Der guten Burgen dreie, dazu an Hufen reich,
Und sechzig Spangen Goldes. Dann wollt' ich immer leben
          wonnereich."

VII. Die Botschaft.

Drauf sagte sein Genosse: „Ich hab' es auch vernommen;
Ich will die Gabe teilen, ihr sollt zu Hofe kommen.
Es sprach die edle Jungfrau, daß sie euch gerne minne;
Wenn ihr's nur gerne wolltet, würd' sie im Land hier
        werden Königinne."

Der König Hartmut sagte darauf dem Boten Dank,
Indem er von dem Sessel ganz frohen Mutes sprang.
Er wähnte, daß mit Minne ihn habe Gott verseh'n;
In frohgemutem Sinne sah man ihn zu der Jungfrau Zimmer
        geh'n.

Zu ihm sprach da die Jungfrau: „Mir war es sanfter nie.
Soll ich, die Gottverlass'ne, jetzt nun gebieten hie,
So ist mein erst Gebot drum nach schwerer Arbeitszeit,
Daß, eh' ich heute schlafe, mir sei ein schönes Bad bereit.

Das andre der Gebote, das soll nun dieses sein,
Daß man mir balde bringe die schönen Mädchen mein,
Wenn bei Gerlindens Weibern man findet nur noch eine.
In ihrem Frau'ngemache soll heut' von ihnen bleiben keine."

„Das will ich gern besorgen," entgegnete Hartmut.
Drauf führt' man aus dem Zimmer gar manche Jungfrau gut,
Die da mit starrem Haare und in sehr dürft'gem Kleid
Jetzt hin zu Hofe gingen. Der bösen Gerlind lag die Rück=
        sicht weit.

Es kamen dreiundsechzig. Als diese Hartmut sah,
Sprach Frau Gudrun, die edle, in sitt'ger Weise da:
„Nun seht mal, reicher König, gereicht euch das zur Ehr'?
Wie sind die Maid behandelt?" Er sprach: „Es wird ge=
        schehen nimmermehr."

„Thut mir's zu Liebe, Hartmut," sprach da das edle Kind,
„Daß alle meine Jungfrau'n, die hier mißhandelt sind,
Man heute Abend bade. O folget meinem Rat,
Ihr sollt sie sehen selber, wie sie dasteh'n in wonniglichem
        Staat."

Darauf entgegnet' Hartmut, der Ritter auserkoren:
„O liebe Herrin Gudrun, sind denn die Kleider verloren,
Die einst mit sich herbrachte doch euer Ingesinde,
So wird man ihnen geben die besten, die man in der Welt
nur finde.
Ich will sie gerne sehen bei euch gekleidet steh'n."
Da sah man sie gar fleißig, das Bad zu rüsten, geh'n;
Von den Verwandten Hartmuts ward mancher Kämmerer,
Sie eilten, ihr zu dienen, damit sie ihnen später gnädig wär'.

Da ward gar schön gebadet die schöne, hehre Maid
Mit ihren Jungfrau'n allen. Vom allerbesten Kleid,
Das jemand haben konnte, das bracht' man ihnen allen.
Selbst die geringste drunter, die konnte einem König wohl=
gefallen.

Als sie gebadet hatten, da gab man ihnen Wein,
Wie er bei den Normannen nicht besser konnte sein,
Dazu auch Meth sehr guten man zu den Frauen führte.
Wie konnte Hartmut glauben, wie ihm dereinst dafür gedanket
würde!

In einem Saale saßen die minniglichen Maid.
Da hieß Gerlind die Tochter Ortrun ein schönes Kleid
Anlegen zu dem Zwecke, wenn sie mit ihren Frauen
Die Tochter von Frau Hilde mit ihrem Ingesinde wollte schauen.

Die edle Ortrun schmückte sich darauf unverwandt,
Sie ging voll frohen Sinnes da, wo sie Gudrun fand.
Da eilte ihr entgegen der Sproß des wilden Hagen;
Als sie beisammen waren, sah man, wie beide Freud' und
Wonne pflagen.

Da freute sich die Arme, wie wir es wohl gesteh'n,
Daß ihre edlen Freunde sie so bald sollte seh'n.
Sie saßen bei einander mit Spiel und Scherz, die hehren;
Wohin sie ofte schauten, das könnte traur'gen Herzen Freude
lehren.

VII. Die Botschaft.

„Wohl mir," sprach da Frau Ortrun, „daß ich es durft'
erleben,
Daß du dich Herrn Hartmuten jetzt willst zu eigen geben.
Für deinen guten Willen geb' ich dir drum zum Lohne,
Die ich einst tragen sollte, nun meiner Mutter, Frau Gerlindens,
Krone."

Mit schlauer List da sagte die schöne Jungfrau gut:
„Ihr solltet Boten senden, mein König, Herr Hartmut,
In die Normannenreiche, ob's ihnen wohl gefalle,
Nach euren besten Freunden, daß sie hierher zu Hofe
kommen alle.

Ist euer Reich in Frieden, das will ich euch hier sagen,
Will ich bei euch die Krone vor euren Helden tragen,
Daß ich erkennen möge, wer mein begehrt zur Frauen;
Mich und die Anverwandten laß' ich alsdann auch euren
Recken schauen."

Die List war klug berechnet. Was er an Boten fand,
Wohl hundert oder noch mehr, die wurden ausgesandt.
Die Feinde wurden wen'ger, als nun die Hegelingen
Hartmut bekämpfen wollten. Dahin gedachte es die Maid
zu bringen.

Da sprach die Frau Gerlinde: „Nun, liebe Tochter mein,
Sollt ihr euch von ihr trennen. Wird's aber morgen sein,
So könnt' ihr sein beisammen mit Wohlgezogenheit."
Sie neigte sich vor Gudrun und bat zu Gott, daß er sei
ihr Geleit.

Es sprach von Hegelingen drauf eine schöne Maid:
„Wenn wir daran gedenken, so wird uns oft sehr leid,
Daß wir bei denen bleiben, die uns einst hierher brachten,
Uns selber nicht zur Freude, woran wir selten doch jemals
gedachten."

Drauf fing sie an zu weinen, wo ihre Herrin saß;
Als nun noch mehr der Mädchen gesehen hatten das,
Gedachten sie in Sorgen des Ungemaches mehr,
Drum weinten ihrer ein'ge. Darüber lachte Königin Gudrun
hehr.

Sie wähnten, daß sie bleiben dort sollten immerdar,
Da es der Herrin Wille doch keinesweges war,
Daß sie bei ihnen gern blieb in den vier nächsten Tagen.
Da kam es alsbald so weit, daß man's begann Gerlinden
zuzutragen.

Zum Teil aus Unbedacht wohl zu lachen sie begann,
Die in den vierzehn Jahren an Freuden nichts gewann.
Das hatte wohl vernommen die böse Teufelin,
Sie winkte König Ludwig. Es war ihr leid in ihrem ganzen
Sinn.

Drauf ging sie balde dahin, wo sie Hartmuten fand;
„Mein Sohn," sprach sie, „es müssen in diesem ganzen Land
Jetzt Not und Mühe kommen für alles Volk darin,
Denn ich weiß nicht, warum wohl gelacht Gudrun, die
schöne Königin.

Wie's nur mag sein gekommen und wie ich hab' vernommen,
Sind ihr von ihren Freunden geheime Boten kommen.
Drum sollst du dich wohl hüten, du edler Ritter hehr,
Daß du von ihren Freunden nicht magst verlieren beides,
Leib und Ehr'."

Er sprach: „Laßt es bewenden, ich gönn' es ihr sehr wohl,
Wenn sie mit ihren Frauen jetzt Freude haben soll.
Denn ihre Anverwandten, die wohnen mir so fern;
Wie käm' ich in ihr Netze? Ich wähn', sie hindern mich
durchaus nicht gern."

Darauf begann Frau Gudrun zu fragen ihr Gesinde,
Ob sie ihr Bett zum Schlafen wohl vorbereitet finde,
Sie war die Nacht alleine, befreit von der Beschwer.
Da ward die Maid geleitet von König Hartmuts Kämmerer

VII. Die Botschaft.

Normänn'sche Edelknaben, die trugen ihr das Licht;
Sie hatten ihr gedienet vor dieser Zeit wohl nicht.
Man fand da zugerichtet wohl dreißig oder mehr
Von säuberlichen Betten; da sollten liegen Rittertöchter hehr.

Da sprach die edle Jungfrau: „Ihr mögt nun schlafen geh'n,
Ihr Helden König Hartmuts. Wir woll'n zur Ruhe geh'n,
So ich wie meine Frauen doch diese Nacht alleine.
Seit wir hierher gekommen, so hatten deren wir gewiß
    noch keine."

Da hat man bald die Fremden von dannen gehen seh'n,
Die Alten und die Jungen von König Hartmuts Lehn.
Die eilten aus dem Zimmer in ihr Gemach zu gehn;
Mit Meth und gutem Weine hatt' man zuvor die Armen
    wohl versehn.

Da sprach Frau Hildens Tochter: „Verschließet mir die
    Thür."
Da schob man starker Riegel gar viere gleich dafür.
Das Zimmer war so feste, was man auch da begonnte,
Daß außerhalb desselben es deutlich niemand hören konnte.

Zum ersten Male tranken sie damals guten Wein.
Da sprach die allerhehrste: „Wohl könnt ihr froh heut' sein,
Ihr alle, meine Frauen, nach großem Herzeleide.
Ich lass' euch morgen schauen an euren Freunden liebe
    Augenweide.

Geküsset hab' ich heute Herrn Herwig, meinen Mann,
Und meinen Bruder Ortwein. Drum sollt ihr denken dran,
Wer von euch reich will werden ganz ohne Not und Sorgen,
Die mag darauf bedacht sein, daß sie uns melde nach der
    Nacht den Morgen.

Ihr Lohn soll nicht gering sein. Uns naht der Freuden Zeit;
Ich gebe ihr zum Lohne viel gute Burgen weit,
Dazu auch viele Hufen. Das wird sein mein Gewinn,
Wenn ich die Stund' erlebe, daß man mich wieder nennet
    Königin."

Da legten sie sich schlafen, gar fröhlich war ihr Mut;
Sie wußten, daß da käme gar mancher Ritter gut,
Die sie befreien wollten von ihren großen Sorgen.
Darauf stand ihre Hoffnung, daß sie sie sehen würden nächsten
Morgen.

Als Herwig und Ortwein nach ihrer Rückkehr zu dem
Hegelingenheere gemeldet hatten, daß sie Gudrun und Hildburg
gesehen und gesprochen hätten, ward von ihnen beschlossen,
sich bei Nacht am Strande in der Nähe der Normannenburg
zu lagern, um dieselbe am andern Morgen zu bestürmen.

VIII. Gudruns Befreiung.

Schon war emporgestiegen der schöne Morgenstern,
Als eine schöne Jungfrau trat an ein Fenster fern;
Sie späh'te, wann's geschähe, daß es wohl tagen sollte,
Womit sie großen Lohn sich von Königin Gudrun verdienen
wollte.

Da sah die edle Jungfrau schon etwas Morgenschein
Sich auf dem Meere spiegeln, wie es da sollte sein,
Sah auch die lichten Helme und viel der blanken Schilde
Die Burg, die war umlagert; von Waffen strahlte da all'
das Gefilde.

Drauf ging sie hin zurücke, wo sie die Herrin fand.
„Erwachet, edle Jungfrau, denn dieses ganze Land
Und diese feste Burg hier von Feinden ist umsessen.
Die heim'schen Freunde haben uns Arme doch noch nicht
vergessen."

Alsbald Gudrun, die hehre, aus ihrem Bette sprang.
Sie eilte nach dem Fenster und sagt' dem Mädchen Dank
Für ihre gute Botschaft, wovon sie ward sehr reich.
Sie spähte nach den Freunden um ihres großen Kummers
willen gleich.

VIII. Gudruns Befreiung.

Da sah sie reiche Segel hinwallen auf der See.
Da sprach die edle Jungfrau: „Nun ist mir erst recht weh.
O weh, ich Gottverlass'ne, daß ich den Leib gewann!
Man wird hier sterben sehen noch heute manchen schönen
Mann."

Als sie das so gesprochen, das Volk noch meistens schlief.
Drauf König Ludwigs Wächter mit lauter Stimme rief:
„Wohlauf, ihr stolzen Recken, zur Waffen, Herr, zur Waffen!
O König der Normannen, ich glaub', ihr habt zu lange
heut' geschlafen."

Als das vernommen Gerlind, des König Ludwigs Weib,
Da ließ sie weiter schlafen des alten Königs Leib.
Drauf eilte sie alsbalde allein auf eine Zinne;
Da sah sie viel der Fremden. Ohn' Maßen leid war da
der Teufelinne.

Sie eilte bald zurücke, wo sie den König fand.
„Erwache, König Ludwig! Die Burg und auch dein Land,
Sie sind umlagert alle von Fremden ungeheuer.
Das Lachen von Frau Gudrun erkaufen deine Recken heute
teuer."

„Ach schweigt doch," sprach da Ludwig, „ich will sie
selber seh'n.
Wir alle müssen warten, was uns nun mag gescheh'n."
Mit großer Eile ging er in den Palast, zu schauen.
Er sah des Tages Gäste, zu denen war gar übel sein Ver=
trauen.

Da sah er breite Fahnen vor seiner Burg hertragen.
Da sprach der König Ludwig: „Wohl, wollen wir es sagen
Doch meinem Sohne Hartmut. Es können Pilger sein,
Die weilen einzukaufen hier vor der Stadt und dieser Burge
mein."

Man weckte König Hartmut. Als es ihm ward gesagt,
Da sprach der gute Degen: „Seid darum nicht verzagt.
Ich sehe Fürstenwappen wohl schon von zwanzig Landen.
Ich glaub', die Feinde wollen an uns hier rächen ihre alten
    Schanden."

Da ließ er weiter schlafen noch seinen ganzen Bann.
Herr Ludwig und Herr Hartmut, die beiden gingen dann
Zu schauen durch die Fenster. Als er die Heere sah,
Da sprach alsbald Herr Hartmut: „Sie liegen meiner Burg
    doch allzunah'.

Es sind nicht Pilgersleute, viel lieber Vater mein.
Es mögen gar wohl Wate und auch die Seinen sein,
Der Held von Stürmelanden und der von Ortereich.
Dort seh' ich weh'n die Fahne, die mag wohl kommen dieser
    Nachricht gleich.

Sie ist von brauner Seide da her von Karade.
Eh' die sich vor uns beuget, wird manchem Helden weh.
Ein Haupt seh' ich drin flattern, das ist von rotem Golde.
Dergleichen kühner Gäste ich hier zu Lande gern entbehren
    wollte.

Uns bringt der Herr von Moorland wohl zwanzig tausend
    Mann;
Das sind gar kühne Degen, als ich erkennen kann,
Sie woll'n von uns im Streite erwerben große Ehr'.
Noch seh' ich dort ein Wappen, bei dem der Helden liegt
    noch mehr.

Das ist die Fahne Horands, des Herrn vom Dänenland;
Dabei seh' ich Herrn Fruten, der ist mir wohl bekannt,
Und auch den Herren Morung von Waleis, seinem Lande;
Der hat uns viel der Feinde geführet gegen Morgen nach
    dem Strande.

Noch seh' ich ihrer eine mit lichten Sparren rot;
Es stehen drinnen Spitzen, die bringen Helden Not.
Die ist des Herren Ortwein, des Königs von Ortreich,
Des Vater wir erschlugen; er kommt uns nicht als Freund
in unser Reich.

Dort seh' ich eine Fahne, noch weißer als ein Schwan,
Die gold'nen Wappenbilder könnt ihr erkennen dran,
Die meine Schwieger Hilde gesendet über's Meer;
Der Haß der Hegelingen verkündet sich vor'm Abend wohl
noch mehr.

Noch weiter seh' ich flattern hier eine Fahne breit
Von himmelblauer Seide. Des ihr berichtet seid,
Daß die uns Herwig bringet, der König der Seelande.
Seeblätter schweben drinnen; er will hier eifrig rächen seine
Schande.

Auch kommt zu uns Herr Jrold, das mag ich wohl gesteh'n;
Er bringet viel der Friesen, wie ich's mir kann verseh'n,
Und auch Holsteiner Helden, gar stattlich überaus.
Es kommt zu einem Sturme. Drum waffnet euch, ihr Recken,
in dem Haus.

Wohlauf denn," sprach Herr Hartmut, „ihr all' aus
meinem Bann,
Da ich den grimmen Gästen die Ehr' nicht gönnen kann,
Daß sie hierher geritten, sich meiner Burg zu nahen,
So woll'n wir sie mit Schwertern vor unsern Thoren wohl
empfahen."

Es sprangen aus den Betten, die man noch liegen fand;
Sie riefen, daß man brächte ihr lichtes Streitgewand.
Sie wollten ihrem König verteidigen das Reich;
Wohl vierzighundert Degen bewehrten sich darinnen alsogleich.

Da waffnete sich Ludwig und auch sein Sohn Hartmut;
Den heimatlosen Frauen dünkt' es durchaus nicht gut,
Zu ihrem Troste hatten sie in der Burg nicht einen.
Da sprach von ihnen eine: „Wer vor'ges Jahr gelacht, mag
dieses weinen."
Gar balde kam Frau Gerlind, des König Ludwigs Weib.
„Was wollt ihr thun, Herr Hartmut? Wozu wollt ihr
den Leib
Und alle diese Helden sogar verlieren hier?
Sie werden euch erschlagen, wenn ihr zieht dorthin aus
der Burg herfür."
Da sprach der edle Ritter: „O Mutter, geht von dannen,
Ihr könnet nicht belehren doch mich und meine Mannen.
Drum ratet euren Frauen, die können es wohl leiden,
Wie sie die Edelsteine mit Gold einfassen in das Seiden.

Jetzt sollt ihr," sprach da Hartmut, „zum Waschen heißen geh'n
Gudrun mit ihren Mädchen, wie es bisher gescheh'n;
Ihr wähntet, daß sie hätte nicht Freund' noch Ingesinde;
Noch heute könnt ihr schauen, daß uns die Fremden lohnen
gar geschwinde."

Da sprach die böse Teufelin: „Damit doch dient' ich dir,
Daß ich sie wähnt' zu zwingen. Jetzt sollst du folgen mir.
Die Burg von uns ist feste, drum laß die Thore schließen,
Dann können diese Fremden von ihrer Reise wenig nur
genießen.

Du weißt gar wohl, o Hartmut, daß sie dir tragen Haß,
Der ihre Freund' erschlagen; sieh vor dich desto baß.
Denn vor der Burg da draußen hast du der Freunde keinen;
Die stolzen Hegelingen, die stellen immer zehn gegen einen.

Nun waffnet euch," sprach Gerlind, „und bei dem Sohne mein
Haut aus den lichten Helmen des heißen Feuers Schein;
Ihr sollt dem Recken heute beständig bleiben nahe,
Daß jeder dieser Fremden an tiefen Wunden doch recht viel
empfahe."

VIII. Gudruns Befreiung.

Gewaffnet ward darinnen des König Ludwigs Bann,
Wohl tausend und noch hundert. Bevor sie zogen dann
Aus ihres Königs Pforte, schuf er der Burg die Hut;
Er ließ darin zurücke noch wohl fünfhundert schnelle Ritter gut.

Drauf zog man auf die Riegel an den vier Burgesthoren;
Sie hatten keinen Mangel selbst bis auf einen Sporen.
Die da dem jungen König jetzt wollten helfen streiten,
Sah man an dreißighundert mit aufgebund'nen Helmen nach
ihm reiten.

Man nahte sich zum Streite. Der Held aus Stürmeland
Begann sein Horn zu blasen, das man hin über'n Strand
Von seinem starken Schalle wohl hörte dreißig Meilen.
Die Hegelingenscharen begannen drauf zu Hildens Fahn'
zu eilen.

Er blies zum zweiten Male, das that er darum, daß
Ein jeder seiner Recken auch schnell im Sattel saß,
Zu ordnen ihre Scharen, wohin sie wollten kehren,
Man sah in solchem Streite nie einen alten Recken also hehren.

Er blies zum dritten Male mit einer Kraft so voll,
Daß ihm der Werder schwankte und auch die Flut erscholl,
Davon wohl Ludwigs Steine der Mauer konnten reißen.
Mit Hildens schöner Fahne hieß er darauf Horand die Richtung
weisen.

Sie scheuten alle Waten und niemand ward da laut;
Ein Roß nur hört' man wiehern. Des König Herwigs Braut
Stand oben auf der Zinne. Da sah man stattlich reiten
Die kühnen, starken Recken, die dort mit König Hartmut
wollten streiten.

Da hatte sich Ortweinen Herr Hartmut auserkoren.
Obgleich er ihn nicht kannte, so stieß er mit den Sporen
Sein Roß, daß es weithin sprang. Er ritt los auf Ortweinen;
Sie neigten ihre Speere, bald sah man ihre lichten Panzer
scheinen.

Ein jeder wohl des andern mit Stichen nicht vergaß;
Das gute Roß von Ortwein bald auf den Knieen saß.
Sie konnten bei dem Zorne der Herrn sich nicht erholen;
Da sah man auch bald straucheln des König Hartmuts Fohlen.

Nun sprangen auf die Rosse. Da schallte lauter Klang
Von Schwertern beider Könige, wofür man wußte Dank,
Daß sie den Kampf begannen wie Ritter ohnegleichen.
Sie waren beide kühne und wollten drum nicht von einander
weichen.

Der beiden Ingesinde kam mit geneigten Speeren,
Was manchem Kind geschadet. Man sah sich da gewähren
Im Anprall tiefe Wunden den guten Rittern sehr;
Sie waren alle tapfer und kämpften voller Eifer um die Ehr'.

Wohl tausend wider tausend von König Hartmuts Bann
Auf Watens Ingesinde zu drängen da begann;
Doch dieser Herr von Stürmen verleidet's ihm so sehr,
Wer ihm auch nahen mochte, gedachte wohl des Drängens
nimmermehr.

Und eingedrungen war da in König Herwigs Schar
Der Feinde an zehntausend, die kamen zornig dar.
Bevor sie einer sollte aus ihrem Lande treiben,
So waren sie entschlossen, daß lieber tot sie wollten daselbst
bleiben.

Herr Herwig war ein Recke, gar stattlich in dem Streit;
Mit allem Eifer kämpft' er, daß ihm die schöne Maid
Um desto holder wäre. Daß er nun dies gewinne,
Wie konnte er das hoffen? Doch Gudrun schaute alles von
der Zinne.

Zusammen war gestoßen mit dem vom Dänenland
Der alte König Ludwig; er trug an seiner Hand
Ein starkes, scharfes Waffen. Er stand gleich einem Herrn,
Doch kam er von den Thoren der Burg mit seinen Degen
viel zu fern.

VIII. Gudruns Befreiung.

Mit den Holsteiner Mannen gar manchen da erschlug
Der kühne Recke Frute, denn er war tapfer genug.
Morung den jungen Degen von Waleis aus dem Lande
Sah man vor Ludwigs Burg da mit den Erschlag'nen düngen
auf dem Sande.

Der junge Recke Jrold war auch ein Ritter gut,
Er hieb aus Panzerringen das heiße Schlachtenblut.
Und vor Frau Hildens Fahne stritt Watens kühner Stamm;
Erbleichen sah man Häupter, daß in die dichten Scharen
Lichtung kam.

Zusammen trafen Hartmut und Ortwein sowie eh',
Die Winde wehten ferne so dichte nie den Schnee,
Als jetzt die Helden schlugen die Schwerter in den Handen.
Doch damals ward Herr Hartmut vom König aus Ortland
bestanden.

Der junge König Ortwein war tapfer wohl genug;
Doch durch den Helm ihn balde der starke Hartmut schlug,
Daß ihm der lichte Panzer vom Blute überrann.
Das sahe sehr ungerne des kühnen Königs Ortwein Bann.

Beim großen Drängen wurden sie handgemein im Streit;
Sie schlugen durch die Ringe gar manche Wunde weit.
Von Schwertesschlägen sah man hinsinken manches Haupt;
Der Tod that so wie einer, der Leuten gute Freunde raubt.

Als nun der Däne Horand sah König Ortwein wund,
Da fing er an zu fragen, wer denn wohl ungesund
In diesem Streit gemacht hätt' den König, seinen Herrn.
Darüber lachte Hartmut; sie waren von einander gar nicht fern.

Da sagt's ihm Ortwein selber: „Das hat gethan Hartmut."
Drauf legt' er Hildens Fahne von sich, der Degen gut,
Daß er wohl könnte bringen mit mancher großen Ehr'
Zu Schaden seine Feinde; drum drang er ein auf Hartmut sehr.

Der wandte sich zurücke, wo er Horanden sah,
Von ihren Heldenkräften alsbalde das geschah,
Daß ihnen aus den Ringen die Feuerfunken flogen,
Und ihrer Schwerter Spitzen sich auf Helmspangen in der
Hand verbogen.

Wie erst dem kühnen Ortwein, so schlug er jetzt hiernach
Dem Horand eine Wunde, so daß ein roter Bach
Aus seinen Ringen strömte von König Hartmuts Handen.
Er war ein Held so tapfer; wer sollte da noch steh'n nach
seinen Landen?

Zerhauen ward im Streite von ihrer beider Bann
In angsterfüllten Zeiten viel Schilde wohlgethan
Mit ihren guten Schwertern, die auf einander sehr
Sie allen Eifers schlugen; denn Hartmut wehrte sich mit
großer Ehr'.

Ortweins und Horands Freunde, die waren drauf bedacht,
Daß sie vom Kampfplatz wichen, bis man sie hingebracht,
Die Wunden zu verbinden; drum eilten sie gar sehr.
Drauf ritten sie zurücke; nun ward gekämpft von ihnen weiter
mehr.

Nun war gedrungen Herwig, wie uns berichtet wahr,
Jetzt ein auf König Ludwig mit einer breiten Schar,
Wo man sah streiten Ludwig, den alten kühnen Recken,
So ihn wie seine Degen gar viel der guten Ritter niederstrecken.

Laut rief da König Herwig: „Ist einem wohl bekannt,
Wer ist denn jener Alte? Er hat mit seiner Hand
Soviel der tiefen Wunden fortwährend hier gehauen
Mit seinen starken Kräften, daß es beweinen müssen schöne
Frauen."

Das hörte König Ludwig, der Vogt der Normandie.
„Wer ist's, der in dem Kampfe nach mir gefraget hie?
Ich bin geheißen Ludwig, Herr vom Normannenreich.
Könnt' ich noch weiter streiten mit Feinden, thät' ich's sicher
gleich."

VIII. Gudruns Befreiung.

Da sprach der König Herwig: „Gar wohl verdienst du das,
Wenn du dich nennest Ludwig, daß ich dir trage Haß,
Da du uns viel der Helden erschlugst an jenem Strande;
Durch dich starb auch Herr Hettel, der war ein kühner Recke
      aller Lande.

Du thatest noch mehr Schaden, eh' du abzogest dann,
Den wir noch sehr beklagen, wovon ich auch gewann
So vielen Herzenskummer. Du stahlst mir meine Frauen
Dort auf dem Wülpensande und ließest viele Helden niederhauen.

Ich bin geheißen Herwig; du nahmest mir mein Weib,
Die mußt du wieder geben, sonst muß des einen Leib
Von uns darum ersterben, dazu der Recken mehr."
Da sprach der König Ludwig: „Du drohst in meinem Lande
      mir gar sehr.

Du hast mir deine Beichte ganz ohne Not gethan.
Hier sind noch mehr von denen, die ich beraubet dann
Der Güter und der Freunde; du magst es mir zutrauen,
Daß ich es dahin bringe, daß niemals küssen sollst du deine
      Frauen."

Nach diesem Worte griffen sie sich einander an,
Die beiden reichen Könige. Wer Oberhand gewann,
Gewann sie nicht so leichte von ihren Jüngelingen;
Von ihrer beider Fahnen sah manchen Tapfern man zu ihnen
      springen.

Herr Herwig war sehr tapfer, dazu auch kühn genug.
Der alte Vater Hartmuts den jungen König schlug,
Daß er begann zu straucheln vor König Ludwigs Handen.
Er wollte ihn gern scheiden von seinem Leib und seinen Landen.

Wenn nicht so nah' gewesen des König Herwigs Bann,
Der ihm mit Eifer beistand, so hätt' er nimmer dann
Sich, ohne hinzusterben, von Ludwig können scheiden.
So konnt' der alte König den Kampf den Jungen wohl mit
      ihm verleiden.

Die halfen König Herwig, daß er davon genas.
Als er von seinem Falle sich nun erholt etwas,
Da schaute er gar balde zum Berge nach der Zinne,
Ob irgendwo er sähe dort stehen seines Herzens Königinne.

Er dacht' in seinem Sinne: „Wie ist mir doch geschehen?
Wenn meine Herrin Gudrun das alles hat gesehen,
Erleben wir es jemals, daß ich sie soll umfahen,
So wird sie mir's vorwerfen, wenn ich beginne meiner Frau
zu nahen.

Daß mich der Altersgraue hier nieder hat geschlagen,
Des schäm' ich mich gar sehre." Sein Banner hieß er tragen
Hin nach dem König Ludwig mit allen seinen Mannen.
Sie drangen auf die Feinde; sie wollten ihn nicht lassen zieh'n
von dannen.

Als König Ludwig hörte da hinter sich den Schall,
Da lief herab er wieder und gegen ihn zumal.
Er hört', wie sie auf Helmen die Schwerter dröhnen ließen;
Die sich bei ihm befanden, die mochte solches Grimmes wohl
verdrießen.

Sie sprangen auf einander zum Kampf ins Schlachtenfeld,
Im beiderseit'gen Kampfe vom Sturm das Thal ergellt'.
Wie viele Leute starben, wohl keiner wissen mocht'.
Darum verlor Herr Ludwig den Sieg, als er mit König
Herwig focht.

Herrn Ludwig traf da zwischen dem Helm und Schildesrand
Der Friedel von Frau Gudrun mit heldenhafter Hand;
Er schlug ihm solche Wunde, daß er nicht mocht' mehr streiten.
Drum mußte König Ludwig den grimmen Tod vor ihm erleiden.

Darauf schlug er sogleich noch ihm einen festen Schwang,
Das Haupt des Königs Ludwig ab von der Schulter sprang;
So hat er ihm vergolten, daß er einst war gefallen.
Der König war gestorben; drum mußten schöne Augen über=
wallen.

VIII. Gudruns Befreiung.

Es wollten Ludwigs Helden die Fahne gerade tragen
In den Palast des Königs, als er da ward erschlagen.
Da sie sich noch befanden der Pforte gar zu fern,
Nahm man das Banner ihnen, und viele blieben tot bei
 ihrem Herrn.

Da sah der Burge Wächter, wie er verlor den Leib,
Drum hat man lautes Weinen gehört von Mann und Weib.
Sie wußten, daß gestorben der alte König reich;
Gudrun und ihr Gesinde stand da am Hof voll Sorg' und
 Angst zugleich.

Als Wate darauf Hartmut gerad' auf sich bringen sah,
(Die Fahne trug Herr Frute) im Zorn der Held sprach da:
„Ich hör' in unsrer Richtung gar heftig Schwerter klingen;
Viel lieber Neffe Frute, laßt euch durch keinen von der
 Pforte bringen."

In vollem Zorn griff Wate den König Hartmut an,
Da wollt' ihm nicht entweichen der stattlich schöne Mann.
Emporstieg zu der Sonne der Staub und trübte sehr;
Dahin war ihre Kraft nun, Hartmut und Wate stritten um
 die Ehr'.

Was half's, daß man da sagte, es hätte Wate Kraft
Von sechsundzwanzig Mannen? Es gab ihm Ritterschaft
Der junge König Hartmut, Herr vom Normannenreich.
Sowie die Fremden kämpften, versucht' er's mit den Seinen
 eifrig gleich.

Denn er war auch ein Recke und kämpft' im Streite wohl;
Ein ganzer Berg von Toten lag allenthalben voll.
Es war ein großes Wunder, daß da nicht Herr Hartmut
Von Wate sterben mußte; gar grimmig war ihm dazumal
 zu Mut.

Er hörte laut aufschreien des König Ludwigs Weib;
Denn seine Mutter Gerlind beklagt' des Königs Leib.
Sie setzte großen Lohn aus, daß man es nicht ertrüge,
Und Frau Gudrun, die schöne, mit allem ihrem Ingesind'
erschlüge.

Da lief ein Ungetreuer aus Gier nach großem Gut,
Um zu bekümmern sehre der schönen Frauen Mut,
Wo sie zusammen saßen die Frau'n von Hegelingen.
Um hohen Lohnes willen wollt' er zu Tode sie vom Leben
bringen.

Als da Frau Hildens Tochter sah bloße Waffen tragen,
Im Zorn auf sie gerichtet, sie konnte bald beklagen,
Daß sie von ihren Freunden so ferne wär' gekommen.
Wenn's Hartmut nicht gesehen, wär' ihr das Haupt gewiß damals
genommen.

Sie dachte nicht der Vorschrift; wie laut sie da aufschrie,
Als sie nun sterben sollte! Vor Angst Weh fühlte sie,
Wie andre Frauen thaten, die damals bei ihr waren
Drin an den weiten Fenstern. Man sah sie wahrlich übel
sich gebahren.

Es kannte an der Stimme sie bald der Held Hartmut.
Er fragt' sich, was ihr wäre. Da sah der Recke gut
Grad' einen Ungefügen ihr mit dem Schwerte nah'n,
Der sie erschlagen wollte. Zu rufen drauf der Held begann:

„Wer seid ihr, feiger Schurke, was zwingt euch denn die Not,
Daß ihr die edlen Jungfrau'n dort schlagen wollet tot?
Erschlügt ihr mir nur eine, wär' euer Leben vergangen,
Und euer ganz Geschlecht müßt' darum noch sicherlich am Galgen
hangen."

Entsetzt zurück sprang jener; er scheute seinen Zorn.
Da hatte Hartmut selber beinah' den Leib verlor'n,
Als er die Gottverlass'ne mit seiner Treue tröst'te,
Er selber war in Sorge, daß er sie von dem grimmen Tod
erlöste.

Da kam alsbald Frau Ortrun von dem Normannenland,
Die junge, schöne Königin, indem sie rang die Hand,
Zu Frau Gudrun, der schönen, das junge Mädchen hehr,
Sie fiel vor ihr zu Füßen und klagte über ihren Vater sehr.

Sie sprach: „Laß dich erbarmen, o edles Fürstenkind,
So vieler meiner Freunde, die hier gestorben sind,
Und denke, wie dir wäre, erschlüg' man den Vater dein,
Ich habe, edle Königin, verloren heute hier den Vater mein.

Du siehst nun, edle Jungfrau, das ist gar große Not,
Der Vater und die Freunde sind meistens alle tot.
Nun stehet jetzt vor Waten Hartmut in großer Pein;
Verliere ich den Bruder, so muß ich immer weiter Waise sein.

Auch laß mich das genießen," sprach da das edle Kind,
„Wenn niemand um dich klagte von allen, die hier sind,
So hattest du von Freunden nicht mehr denn als nur mich,
Ich mußte immer weinen, was dir auch einer that, um dich."

Da sprach Frau Hildens Tochter: „Das hast du viel gethan.
Doch weiß ich nicht, wie ich wohl die Streiter trennen kann;
Denn wäre ich ein Recke, daß ich die Waffen trüge,
So schiede ich es gerne, daß deinen Bruder niemand dir er=
schlüge."

Sie weinte heftig, drum sie sie hoch und teuer bat,
Bis daß die edle Gudrun hin an das Fenster trat,
Sie winkte mit den Händen und fragt' sie nach der Märe,
Ob denn von ihrer Heimat ein Recke hin zu ihnen kommen
wäre.

Darauf entgegnet' Herwig, ein edler Ritter gut:
„Wer seid ihr, hehre Jungfrau, daß ihr uns fragen thut?
Hier ist von Hegelingen wohl in der Nähe niemand,
Denn wir sind her aus Seeland. Nun sagt, womit euch dienen
kann wohl jemand."

Da sprach die Königstochter: „Ich wollt' euch gerne bitten,
Wenn ihr sie trennen könntet, es ist doch viel gestritten,
Dem wollt' ich's immer lohnen, wer mich nur damit tröst'te,
Daß er den König Hartmut mir aus dem Streit des alten
                                                Wate erlöste."

Da sprach mit vielem Anstand der König von Seeland:
„Nun sagt mir, edle Jungfrau, wie seid ihr denn genannt?"
Sie sprach: „Ich heiße Gudrun und bin von Hagens Stamm;
Wie reich ich sonst gewesen, hier sehe ich ringsum nur Not
                                                und Gram."

Er sprach: „Seid ihr es, Gudrun, die liebe Herrin mein,
So will ich immer gerne zu euren Diensten sein;
Für mein Teil bin ich Herwig, zum Trost erwählt' ich euch,
Und laß' euch gerne schauen, wie ich von Sorge euch befreie
                                                gleich."

Sie sprach: „Wollt' ihr mir dienen, o Ritter auserkor'n,
So sollt ihr uns erregen dafür auch keines Zorn,
Es bitten mich inständig bei mir die schönen Maide,
Daß man den König Hartmut vom Kampfe mit dem alten
                                                Wate scheide."

„Das will ich gern besorgen, viel liebe Herrin mein."
Da rief der König Herwig laut zu den Recken sein:
„Nun traget meine Fahne Herrn Waten gleich entgegen!"
Da sah man stark vordringen den Held Herwig und alle seine
                                                Degen.

Ein schwerer Frauendienst ward von Herwig da gethan;
Er rief mit lauter Stimme den alten Wate an.
Er sagte: „Wate, Freund mein, erlaubet, daß man scheide
Die Kämpfer auf der Stelle; drum bitten euch die minniglichen
                                                Maide."

VIII. Gudruns Befreiung.

Da sprach im Zorne Wate: „Herr Herwig, geht nur hin!
Wenn ich den Frauen folgte, wo bliebe denn mein Sinn?
Wenn ich die Feinde schonte, so thät' ich's gegen mich;
Drum folge ich euch nimmer. Hartmut büßt seine Frevel
sicherlich."
Aus Liebe zu Frau Gudrun er zwischen beide sprang,
Der kühne König Herwig. Da hört' man Schwerterklang;
Denn Wate war im Zorne und konnt's ihm wohl verleiden,
Daß ihn im Streite niemand von seinen Feinden wagt' zu
scheiden.
Da führt' er gegen Herwig gar einen flinken Schlag,
Daß, der da wollte schlichten, vor ihm zu Boden lag.
Zu sprangen seine Recken und halfen ihm von dannen;
Gefangen ward da Hartmut vor Herwig und vor allen seinen
Mannen.
Gar grimmig tobte Wate; drauf ging er vor dem Saal
Hin zu der hohen Pforte. An allen Enden Schall
Vernahm man da von Weinen und von den Schwerterklingen.
Da Hartmut war gefangen, so mußt' es seinen Helden auch
mißlingen.
Beim König wurden gefangen wohl achtzig Ritter gut,
Die andern all' erschlug man. Darauf ward Herr Hartmut
Hinab zum Schiff geführet und eingeschlossen sehr.
Noch hat es nicht ein Ende; sie mußten Mühsal leiden dann
noch mehr.
Wie oft man drängen mochte weg von der Burg den Bann
Mit Würfen und mit Schüssen, so Wate doch gewann
Die Burg mit heft'gen Stürmen. Drauf wurden aufgehauen
Die Riegel aus der Mauer; drum weinten da die schönen
Frauen.
Horand von Dänemarke, der Hildens Fahne trug,
Dem folgten viele Recken, die hatte er genug,
Vorüber einem Palast nach einem Turm, dem besten,
Den nur die Hegelingen erkannt als in der Burg sehr festen.

Die Burg war nun erobert, wie ich bereits gesagt.
Die sich darinnen fanden, die waren ganz verzagt.
Da sah man nach der Beute vordringen viele Recken,
Und Wate sprach im Grimme: „Wo sind die Knechte denn nun mit
ben Säcken?"

Da ward nun aufgehauen gar manche Vorratskammer,
Da hörte man darinnen viel Lärmen und viel Jammer.
Auch waren da die Fremden gar nicht von gleichem Mute,
Denn einige schlugen Wunden, und andre suchten eifrig nach
dem Gute.

Sie führten aus der Feste, so wie wir hören sagen,
So daß der Kiele zweie es gar nicht konnten tragen
Von Kleidern und von Seiden, von Silber und von Golde,
Wenn einer auf dem Meere sein Schiff damit beladen wollte.

Das Blut von manchen Seiten her aus dem Zimmer floß;
Die Freunde, die das sahen, wie sehr sie das verdroß!
Da kam in großen Ängsten die edle Ortrun her,
Wo sie Frau Gudrun sahe; sie fürchtet' Unheil damals nur
noch mehr.

Sie neigt' ihr Haupt gar züchtig dort vor der schönen Maid
Und sprach: „O liebe Gudrun, laß dir doch werden leid
Die Angst mein und den Jammer und laß mich nicht verderben;
Dein Edelsinn allein kann mich retten, sonst muß ich hier sterben."

„Ich will dich gerne retten, wenn ich's nach Rechten kann,
Da ich dir alle Ehre und Gutes wünsche an.
Ich will dir Frieden schaffen, du sollst erhalten bleiben;
Drum tritt mir immer näher mit deinen Frau'n und allen deinen
Weiben."

„Das thu' ich gar zu gerne," sprach drauf Ortrun, das Kind,
Die drei und dreißig Frauen errettet' sie geschwind.
Denn zwei und sechzig Degen umgaben dort die Frauen;
Sie wären von den Fremden, wenn jene wichen, alle nieder=
gehauen.

VIII. Gudruns Befreiung.

Da kam auch hergegangen die böse Frau Gerlind,
Die bot sich als leibeigen an dem Frau Hildens Kind:
„Nun rett' uns, edle Königin, vor Waten, seinen Mannen;
Es hängt von dir allein ab, ich wähn', ich komme sonst nicht heil
von dannen."

Da sprach Frau Hildens Tochter: „Ich höre euch begehren,
Daß ich euch gnädig wäre. Wie könnt' ich das gewähren?
Wie oft ich euch gebeten, zu Willen mir zu sein,
Stets war't ihr mir ungnädig; drum muß ich euch von Herzen
zornig sein."

Da ward der alte Wate bald ihrer da gewahr
Und, mit den Zähnen knirschend, er hingekommen war,
Mit Augen zornig blitzend, mit langem, breitem Bart.
Und alle, die da waren, entsetzten sich vor ihm und seiner Art.

Frau Gudrun ging alleine hin, wo sie Waten sah,
Die reine Tochter Hildens in Sorgen sprach sie da:
„Sei mir willkommen, Wate, wie gern würd' ich dich sehen,
Wenn nicht der Leiden viele dem Volke wären hier von dir
geschehen."

„Verzeihung, edle Jungfrau, seid ihr Frau Hildens Kind?
Wer sind denn diese Frauen, die euch so nahe sind?"
Da sprach die edle Gudrun: „Das ist Frau Ortrun hehr,
Der sollst du, Wate, schonen; es fürchten wahrlich dich die
Frauen sehr.

Das andre sind die Armen, die mit mir über's Meer
Aus Hegelingen brachte des König Ludwigs Heer.
Durchnäßt seid ihr vom Blute, drum kommt uns nicht so nah;
Wir werden es euch danken, was uns auch sonst von euch für
Dienst geschah."

Gar balde kam auch Hergard, die Herzogin, herein.
„O edle Herrin Gudrun, du sollst jetzt gnädig sein
Mir armem, dürft'gem Weibe. Gedenke, daß wir hießen
Dein Ingesinde, das wir noch jetzt sind, laß mich's, edle Frau,
genießen.

Im Zorne sprach Frau Gudrun: „Ihr sollt zurücke geh'n,
Denn alles, was uns Armen an Leid nur war gescheh'n,
Beklagtet ihr gar wenig und schien euch sehr geringe;
Nun ist mir auch gleichgültig, ob es euch übel oder wohl
  gelinge.
Doch tretet mir nur näher, geht zu den Mägdelein!"
Der alte Wate suchte da noch die Feindin sein,
Wo er sie finden könnte die böse Frau Gerlinde.
Sie war bei Frau Gudrunen, die Teufelin mit ihrem In=
  gesinde.

Im Grimme ging da Wate hin durch den ganzen Saal
Und sagte: „Herrin Gudrun, gebt mir heraus einmal
Gerlind mit ihren Freunden, die euch zu waschen zwang,
Und ihre Anverwandten, die uns erschlugen manchen Recken
  lang."
„Von denen," sprach die Jungfrau, „ist jetzo keine hier."
In seinem Zorne Wate trat näher nun herfür
Und sprach: „Wollt ihr nicht balde mir jetzt die rechten zeigen,
So müssen alle Fremden und Freunde hier im Tod erbleichen."

Er war in großem Zorne, das sahen sie wohl ein;
Da winkt' ihm mit den Augen ein schönes Mägdelein,
Wovon er bald erkannte die böse Teufelin.
„Ei sagt mir doch, Frau Gerlind, habt ihr noch mehr der Wä=
  scherinnen im Sinn?"

Er griff sie an der Hand fest und schleppte fort sie dann,
Die böse Frau Gerlinde zu zagen da begann.
Er sprach, vom Zorne rasend: „O Königin so hehr,
Euch soll nun meine Herrin die Kleider hinfort waschen
  nimmermehr."

Ich glaub', als er sie brachte hin vor des Saales Thür,
Sie spähten, was er hätte mit ihr vor, für und für.
Er griff sie bei den Haaren. Wer hat ihm das erlaubt?
Sein Zorn war gar zu heftig; er schlug der Königin ab
  das Haupt.

VIII. Gudruns Befreiung.

Aufschrieen alle Frauen; Entsetzen faßt' sie sehr.
Darauf ging er zurücke und sprach: „Ist ihrer mehr,
Die mit ihr nur verwandt sind? Die sollt ihr mir jetzt zeigen;
Denn keine ist so teuer, daß ich nicht wagte, ihr das Haupt
zu neigen."

Da sprach mit lautem Weinen des König Hettels Kind:
„Nun laß mich deren freuen, die um den Frieden sind
Hierher zu mir gekommen und sind bei mir gestanden.
Das ist die edle Ortrun und ihr Gesinde aus Normannen-
landen."

Die sie in Schutz genommen, wies man nach hinten dann.
Drauf Wate ganz unfreundlich zu fragen da begann:
„Wo ist denn die Frau Hergard, die junge Herzoginne,
Die einst in diesem Lande des Königs Schenken nahm mit
hoher Minne?"

Sie wollten sie nicht zeigen; da trat er selbst zu ihr
Und sprach: „Wenn euch gehörten die Reiche alle hier,
Wer möchte solcher Hoffart sich jemals wohl getrauen?
Ihr habt gedienet wenig in diesem Lande Gudrun, eurer
Frauen."

Zusammen riefen alle: „O laßt sie doch am Leben!"
Da sprach der alte Wate: „Das kann ich nicht zugeben.
Denn ich bin jetzt der Kämmerer; so muß man Frauen ziehen."
Drauf schlug er ihr das Haupt ab; sie fingen hinter Gudrun
an zu fliehen.

Sie hatten ausgeruhet vom Streite überall.
Da kam der König Herwig zu König Ludwigs Saal
Samt seinen Kampfgenossen, mit Blut gefärbt, gegangen;
Als ihn Gudrun erblickte, da ward er von ihr minniglich
empfangen.

Eh' noch die Freunde Hildens nach Hause kehrten wieder,
Sie rissen sechsundzwanzig der Burgen noch darnieder.
Sie waren über diesen Erfolg gar stolz und hehr;
Drauf brachten sie Frau Hilden an tausend Geiseln oder
wohl noch mehr.

Man sah Frau Hildens Banner hin durch's Normannenland
Unaufgehalten führen hin wieder an den Strand,
Wo sie verlassen hatten die edle Maid so hehr;
Sie wollten jetzt abfahren und hatten keine Lust zu bleiben mehr.

Drauf hieß man Herren Hartmut nun aus dem Saale geh'n,
Den Recken gut und hehr, mit fünfhundert seines Lehn,
Die alle Geisel hießen und waren dort gefangen.
Bei ihren Feinden fanden sie später manchen Tag ohn' End'
und langen.

Man brachte auch Frau Ortrun herbei, die hehre Maid,
Mit ihrem Ingesinde zu ihrem großen Leid.
Als sie von ihrer Heimat und Freundschaft mußten scheiden,
Da mochten sie's empfinden, wie es einst Gudrun war und
ihren Maiden.

Sie führten die Gefangnen auf ihre Schiffe dann.
Die Burgen, die erobert, die wurden unterthan
Herrn Morung und Horanden. Drauf fuhren sie von dannen,
Doch in der Normandie jetzt verblieben jene mit wohl tausend
Mannen.

IX. Der Hegelingen Heimfahrt und die vierfache Hochzeit.

Auf brach mit Freuden wieder der Hegelingen Heer.
Die sie mit sich geführet einst mitten über's Meer,
Von denen mußten bleiben verwundet und erschlagen
Dreitausend oder mehr noch. Die Freunde mußten alle sie
beklagen.

IX. Der Hegelingen Heimfahrt und die vierfache Hochzeit.

Die Fahrt war ihnen günstig, die Winde waren gut,
Die Beute weggeführet, die hatten hohen Mut.
Wie sie's nur eingerichtet, daß sie da Boten sandten!
Die diese Kunde brachten den Frauen heim nach Hegelingen=
  landen.

Sie eilten, was sie konnten, das will ich euch nur sagen;
Sie kamen heim zu Lande, weiß nicht, in wieviel Tagen.
Von ihnen hörte Hilde noch nie so liebe Märe,
Als sie ihr da gemeldet, daß König Ludwig nun erschlagen
  wäre.

Sie sprach: „Lebt meine Tochter und ihre Mägdelein?"
„Es bringet euch Herr Herwig hierher das Bräutchen sein.
Nicht besser konnt's gelingen uns Helden, also gut,
Sie bringen auch Frau Ortrun gefangen, sowie ihren Bruder
  Hartmut."

„Das ist mir liebe Kunde," sprach da das edle Weib.
„Von jenen ward bekümmert mein Herz und auch mein Leib.
Dafür werd' ich sie strafen, seh'n sie die Augen mein;
Denn offen und auch heimlich mußt' ich in großem Kummer
  darum sein.

Euch Boten will ich's lohnen, die mir's gemeldet heut,
Wovon ist mir entwichen mein ungeheures Leid.
Euch geb' ich jetzt das Gold mein und thu's von Rechtes
  wegen."
Sie sprachen: „Hehre Herrin, ihr mögt für uns die Gabe
  mäßig wägen.

Was wir erbeutet haben, des bringen wir soviel,
Nicht thun wir's aus Verachtung, wenn's wer nicht haben will
Es sind ja unsre Schiffe von lichtem Golde schwer;
Auf unsrer Fahrt bestellten wir darum manchen guten
  Kämmerer."

Frau Hilde hieß bereiten, sobald sie das vernommen,
Für ihre lieben Gäste, die zu ihr sollten kommen,
Die Speisen und Getränke, die Stühle samt den Bänken,
Wo sie da sitzen sollten; sie mochte es nach Ehren wohl
bedenken.

Die Leute Matelanes man sehr geschäftig fand;
Man stellte auf der Ebene und unten an dem Strand
An viele Zimmerleute, die eilten sich gar sehr,
Wie da nach Ehren säße Herr Herwig und die Königin
Gudrun hehr.

Ich kann euch nicht berichten, ob sie noch auf dem Meer
Der Leiden viel erfahren. Des König Ortweins Heer
Gelangte in sechs Wochen zur Burg von Matelane,
Sie brachten mit sich Frauen und viele Mädchen wohlgethane.

Als sie zurückgekehret, das sagt man uns für wahr,
Da hatte ihre Heerfahrt gedauert wohl ein Jahr.
Es war zur Zeit des Maien, da sie die Geiseln brachten;
Sie zogen ein mit Jubel, da sie gar mancher Mühe da
gedachten.

Da man sie in den Schiffen vor Matelane sah,
Posaunen und Trompeten vernahm man fern und nah,
Die Flöten und die Hörner, des Paukenschalles Wogen.
Es waren Watens Schiffe jetzt eben in dem Hafen eingezogen.

Dann kamen an die Degen, gebürtig aus Ortland;
Da ritt entgegen ihnen hernieder an den Strand
Frau Hilde mit Gesinde vom festen Matelane.
Auch Gudrun war gekommen; da sah man vor ihr Frauen
wohlgethane.

Sie waren von den Rossen gestiegen auf den Sand
Frau Hilde und Gesinde. Da führt' an seiner Hand
Die schöne Frau Gudrunen der Herr Jrold, der hehre.
Obgleich sie Hilde kannte, doch wußt' sie nicht, wer ihrer
eine wäre.

IX. Der Hegelingen Heimfahrt und die vierfache Hochzeit. 111

Sie sah mit ihren Leuten wohl hundert Frauen nah'n.
„Ich weiß nicht," sprach Frau Hilde, wen ich da soll empfahn
Als meine liebe Tochter, die ist mir unbekannt.
Es sollen mir die Freunde willkommen sein, die stiegen an
das Land."

„Das ist ja eure Tochter," sprach drauf Jrold, der Degen.
Da trat sie zu ihr näher. Wer möchte wohl aufwägen
Mit Reichtum diese Freude, die sie dabei gewonnen,
Als sie einander küßten? Da war auf einmal all ihr Leid
zerronnen.

Jrold empfing Frau Hilde und alle seine Mann;
Vor Waten sie sich sehr tief zu neigen da begann:
„Willkommen, Held von Stürmen! Du hast gedienet schöne.
Wer möchte dir es lohnen, als daß man giebt dir Land
und dich drin kröne."

Er sprach zu seiner Herrin: „Was ich euch dienen mag,
Dazu bin ich stets willig bis an den letzten Tag."
Da küßte sie ihn liebreich und so auch Ortewein;
Auch war gekommen Herwig mit stolzen, angeseh'nen Recken sein.

An seiner Hand er führte Ortrun, das schöne Kind;
Gar freundlich bat Frau Gudrun die Mutter da geschwind:
„Nun küsset, liebe Herrin, jetzt diese Jungfrau hehr,
In meinem Elend hat sie geboten mir gar manchen Dienst
und Ehr'."

„Ich will hier keinen küssen, der mir nicht ist bekannt.
Wer sind der Frau Verwandte und wie ist sie genannt,
Die du mich heißest küssen so rechten Freunden gleich?"
Sie sprach: „Es ist Frau Ortrun, die Königin aus dem
Normannenreich."

„Ich werde sie nicht küssen; wozu rät'st du mir das?
Wenn ich sie hieße töten, das ziemte mir wohl baß;
Mir haben ihre Verwandten gethan soviel zu Leide.
Was ich bisher beweinet, war ihrer Freunde beste Augenweide."

„O Herrin, dir hat niemals je diese schöne Maid,"
So sprach dagegen Gudrun, „erregt ein Herzeleid.
Bedenke, liebe Mutter, woran ich hätte Schuld,
Wenn irgend wen erschlügen die Freunde. Gieb der Armen
                                        deine Huld."

Sie wollte ihr nicht folgen. Gleich hub zu weinen an
Gudrun, die anzuflehen die Mutter da begann.
Sie sprach: „Ich will dich länger nicht also weinen seh'n,
Hat sie dir einst gedienet, soll's ihr in diesem Lande wohl
                                        ergeh'n."

Die schöne Hilde küßte drauf König Ludwigs Kind,
Begrüßt' auch andre Frauen, die Gudrun wohlgesinnt.
Dann kam auch die Frau Hildburg her aus dem fremden Land,
Die einst mit ihr gewaschen; Herr Frute führte sie an seiner
                                        Hand.

Zu ihr sprach darauf Gudrun: „Viel liebe Mutter mein,
Nun grüßet mir Frau Hildburg. Was kann wohl besser sein,
Als edle Freundestreue? Ja Gold und Edelsteine,
Und was ein Reich besitzt nur, soll man Frau Hildburg
                                        geben ganz alleine."

Die Königin sprach: „Es ist mir gar wohl gesagt zur Zeit,
Wie sie mit dir getragen stets Liebe sowie Leid.
Ich will hinfort nicht sitzen mehr fröhlich unter Krone,
Bis ich, was sie dir diente, mit Treue wieder ihr belohne."

Da sie die Jungfrau küßte, die andern ebenso,
Da sprach zu Fruten Hilde: „Des schäm' ich mich nicht so,
Daß ich entgegen ging dir und deinen Kampfgefährten.
Willkommen all' ihr Degen, die zu den Hegelingen wieder=
                                        kehrten!"

Sie neigten sich gar eifrig. Als dieser Gruß geschah,
Den König von den Mooren man alsbald kommen sah
Mit seinen tapfern Recken hin nach dem Strand mit Schalle;
Es sangen eine Weise vom Land Arabien selbst die besten alle.

IX. Der Hegelingen Heimfahrt und die vierfache Hochzeit.

Es wartete Frau Hilde, bis er ans Ufer ging,
Wo sie den Vogt von Karadie mit Innigkeit empfing:
„Seid mir willkommen, Siegfried, o König aus Moorlande,
Ich will's euch immer lohnen, daß ihr mir halft, zu rächen
      meine Schande."

„Ich thu' es, Herrin, gerne, wo ich euch dienen mag.
Da ich zurück jetzt kehre ins Land, das manchen Tag
Von Kind auf war mein eigen, seit ich begann zu reiten,
Zu schaden König Herwig, so will ich jetzt niemals mehr
      mit ihm streiten."

Sie luden aus die Schiffe und brachten an den Strand
Der Gegenstände viele, die sie geführt ins Land.
Sie wollten, da der Abend kühl wurde, nicht verweilen
Dort länger mehr; man sah sie darum gar schnell zur Herberg'
      sich beeilen.

Da ruheten die Müden bis an den fünften Tag.
Wie gut man sie auch alle mit der Bewirtung pflag,
So war doch Hartmut drunter mit Sorgen schwer beladen,
Bis daß die schönen Jungfrau'n Frau Hilden um Versöhnung
      mit ihm baten.

Frau Gudrun und Herr Ortwein hingingen, wo sie saß;
Sie sprach: „Viel liebe Mutter, gedenket doch an das,
Daß niemand soll mit Bösem des Nächsten Haß belohnen;
Den Ruf von eurer Tugend sollt ihr bei König Hartmut
      schonen."

Sie sprach: „Viel liebe Tochter, drum sollst du mich nicht
      bitten;
Ich habe großen Schaden durch seine Schuld erlitten,
Er soll in meinem Kerker des Übermutes büßen."
Mit sechzig Mädchen fielen die Frauen alle ihr daselbst zu
      Füßen.

Da sprach die hehre Ortrun: „O laßt ihn doch am Leben!
Daß er euch gerne diene, will ich euch Bürgschaft geben;
Drum möget ihr in Gnaden doch meinen Bruder halten.
Es dient zu eurer Ehre, kann er noch weiter seiner Krone
walten."

Darüber weinten alle, daß er gefangen saß
In großen, starken Banden. Ihr Auge wurde naß
Wohl um den König Hartmut, den Herrn der Normandie;
Denn er wie auch die Seinen, in starken Fesseln lagen beide sie.

„Ich mag nicht," sprach die Königin, „euch alle weinen seh'n,
Ich will ihn ungefesselt zu Hofe lassen geh'n.
Sie müssen mir versichern, daß sie uns nicht entrinnen,
Und müssen Eide schwören, nicht ohne mein Gebot zu geh'n
von hinnen."

Darauf die edlen Geiseln man aus den Banden ließ,
Und Frau Gudrun die Helden ganz heimlich baden hieß
Und schöne Kleider anthun und hin zu Hofe bringen.
Sie waren tapfre Degen; drum mußt' es um so besser dort
gelingen.

Als man da König Hartmut sah bei den Recken an,
So fand man schöner nirgends wohl jemals einen Mann.
Trotz seiner Sorgen stand er, als ob er sich gebäre,
Daß er mit einem Pinsel auf einem Pergament gemalet wäre.

Sie hieß bereiten Sitze den Helden desto baß,
Wo hierauf mancher Recke mit Ehren bei ihr saß
Zu einem hohen Feste, des Ruf ertönte fern.
Zu krönen Frau Gudrunen, gefiel damals Herwig, dem edlen
Herrn.

Die mit ihm angekommen, die schieden nicht alsdann,
Als bis vor Matelane das hohe Fest begann.
Es schmückte dazu Hilde wohl sechzig oder mehre
Der minniglichen Mädchen. Denn lieb war ihr ihr Ruhm
und ihre Ehre.

Wohl hundert schönen Frauen gab man da gut Gewand;
Auch wies man nicht zurücke, die man in dieses Land
Als Geisel hat geführt; sie erhielten eig'nes Kleid.
Es that mit ihren Gaben die schöne Hilde große Wunder weit.

Als nun die Königin Gudrun da bei den Gästen saß,
So sandte sie nach Ortwein, das that sie darum, daß
Sie ihm jetzt raten wollte, die Frau Ortrun zu minnen;
Denn König Ludwigs Tochter saß auch bei Königin Gudrun
darinnen.

Darum der Held vom Nordreich zu ihrem Zimmer ging,
Wo ehrerbietig Ortwein gar manche Maid empfing.
Auf stand Gudrun vom Sitze und nahm ihn bei den Händen
Und führte ihn, die edle, bis an der Hofgesellschaft Enden.

Sie sprach: „Viel lieber Bruder, nun sollst du folgen mir,
In rechter Schwestertreue will ich jetzt raten dir.
Willst du in deinem Leben der Freuden viel gewinnen,
Wie du auch wählen mögest, so sollst du hinfort Hartmuts
Schwester minnen."

Da sprach der kühne Ritter: „Erschiene dir das gut?
Wir sind nicht so befreundet, ich und der Herr Hartmut;
Denn wir erschlugen Ludwig. Wenn sie daran gedächte
Und sie mir nahen würde, so fürcht' ich, daß sie Seufzer
hervorbrächte."

„Dann sollst du dich bemühen, daß sie das nimmer thu',
Aus bester Überzeugung kann raten ich dazu,
Die ich auf Erden jemals für irgend wen gewann.
Du wirst in Wonne leben, wenn du geworden bist ihr Mann."

Da sprach der edle Ritter: „Ist sie dir so bekannt,
Daß ihr wohl dienen könnten die Leute und das Land,
Weißt du sie hochgebildet, will ich sie gerne minnen."
Darauf erwidert' Gudrun: „Du wirst bei ihr nicht einen
bösen Tag gewinnen."

Er sagt' es seinen Freunden. Frau Hilde widerriet,
Bis er es auch dem Recken Herwig geteilet mit;
Der riet dazu aufrichtig Auch sagte er es Fruten;
Der sprach: „Du sollst sie minnen, durch sie gewinnst du
　　　　　　　　　　　　　　　manchen Recken guten.

Man soll den Haß versöhnen, den wir bisher getragen,
Und wie das soll geschehen, das will ich dir jetzt sagen."
Vom Dänenlande sprach so der schnelle Degen Frute.
„Wir wollen die Frau Hildburg vermählen mit dem Könige
　　　　　　　　　　Hartmute."

Darauf die schöne Gudrun ganz im Vertrauen sprach
Zu Hildburg, um zu schaffen das Leben ihr gemach.
Sie sprach: „Mein traut' Gespiele, willst du, daß ich dir lohne,
Was du um mich verdient hast, so wird in Normandie dir
　　　　　　　　　　eine Krone."

Da sprach die schöne Hildburg: „Gar lästig mir das thut,
Wenn ich soll einen minnen, der weder Herz noch Mut
Wohl je auf mich gerichtet in irgend welchen Stunden.
Sollt' ich mit ihm alt werden, wir würden wohl manchmal
　　　　　　　　　　im Zorn gefunden."

Da sprach die Herrin Gudrun: „Davon sollst du absteh'n,
Ich will nach König Hartmut bald Diener heißen geh'n,
Ob es ihm wohl gefalle, daß ich ihn aus den Banden
Befreie mit den Recken und send' ihn heim nach seinen Landen.

Hat er mir Dank gesaget, so rat' ich ihm gleich das,
Daß er's auch immer gerne verdiene desto baß.
Dann werde ich ihn fragen, ob er so wollte minnen,
Womit er die Verwandten und mich zu Freunden mag
　　　　　　　　　　gewinnen."

Man brachte Hartmut, König der Normandie, herein,
Mit ihm ging hin Herr Frute, wo schöne Mägdelein
Bei Königin Hildens Tochter im weiten Zimmer saßen,
Die seitdem manches Leides durch ihrer Herrin Rat vergaßen.

IX. Der Hegelingen Heimfahrt und die vierfache Hochzeit.

Als nun durch den Palast schritt des König Ludwigs Sohn,
Die höchste wie geringste, nicht eine ließ davon,
Sie thaten's ihm zuliebe und standen auf sogleich.
Gar kühn in hohem Maße war er, dazu noch edel und auch reich.

Zu sitzen bat ihn Gudrun, die minnigliche Magd,
Da hat von ihnen keine zu grüßen ihm versagt.
Es sprach Frau Hildens Tochter: „Zu der Gespielin mein
Sollst du dich setzen, Hartmut, die sonst mit mir wusch für
   die Helden dein."

„Ihr wollt es mir vorwerfen, o Königstochter hehr,
Obgleich, was man euch Leid that, mich immer schmerzte sehr;
Vor mir verhehlen hieß es ja stets die Herrin mein,
Daß ich es nicht erführe noch König Ludwig und die Helden
   sein."

Da sprach die Königin: „Ich kann nicht davon absteh'n,
Ich muß mit euch, Herr Hartmut, besonders sprechen geh'n.
Das soll drum niemand hören, als ich und ihr alleine."
Da dachte bei sich Hartmut: „Nun gebe Gott, daß sie es
   ehrlich meine."

Darauf verbot sie allen, als Fruten, sich zu nah'n;
Dann sprach sie zu dem Könige, die Jungfrau wohlgethan:
„Wollt ihr mir folgen, Hartmut, wie ich euch jetzt belehr',
Und thut ihr alles willig, so hört eu'r Leiden auf und
   all' Beschwer."

„Ich kenn' euch reich an Tugend," sprach da der Herr
   Hartmut,
„Daß ihr nichts werdet raten als Ehre nur und Gut.
Ich weiß nach meinem Eindruck euch von so edlem Sinn,
Daß ich sehr gerne thue, was ihr mir ratet, edle Königin."

Sie sprach: „So rat' ich eifrig zu retten euren Leib.
Wir, ich und meine Freunde, wir geben dir ein Weib,
Mit der du wirst behalten dein Land und deine Ehr',
Und auch der alten Feindschaft wird dann erwähnet nimmer=
   mehr."

„So laßt mich wissen, Herrin, wen wollt ihr mir denn
geben?
Bevor ich also minne, verlör' ich eh'r mein Leben,
Daß es den Anverwandten daheim erschien' als Schande.
Dann wünscht' ich wahrlich, daß man mich lieber sähe tot
in meinem Lande."

„So will ich Frau Ortrunen, die schöne Schwester dein,
Hierselbst zum Weibe geben dem lieben Bruder mein.
Du aber nimmst Hildburgen, die edle Königin,
Auf Erden wird dir nirgends so hohe Jungfrau jemals zum
Gewinn."

„Wenn ihr das könnt erreichen, wie ihr mir habt gesagt,
Daß euer Bruder Ortwein Ortrun, die schöne Magd,
Sich in der That erwählet zum ehelichen Weibe,
So werd' ich nehmen Hildburg, damit der Haß auf immer
unterbleibe."

Da er's gelobet hatte, so sprach die Jungfrau hehr:
„Ich will bei uns der Freundschaft noch stiften eine mehr,
Damit sie bei uns immer beständig fortan bleibe.
Drum geb' ich dem von Karade die Schwester Herwigs auch
zu einem Weibe."

Wohl nie gab's größ're Sühne, als die hier schuf das Kind;
Alsbald die teuren Helden herbei gekommen sind.
Das riet beständig Frute, der Herr vom Dänenlande,
Daß man nach Herren Ortwein und nach dem Moorenkönig
sandte.

Drauf hieß man Frau Ortrunen, dem Kreise sich zu nah'n,
Und auch die schöne Hildburg, die Jungfrau wohlgethan;
Herr Ortwein und Herr Hartmut, die nahmen sie zum Weibe.
„Nun will ich," sprach Frau Gudrun, „daß immer Friede
unter uns verbleibe."

IX. Der Hegelingen Heimfahrt und die vierfache Hochzeit.

Als nun die Könige waren geweiht nach Recht und Ehr',
Erhielten Ritterwürde fünfhundert oder mehr.
Die ehrenvolle Hochzeit geschah in Hildens Lande;
Es war zu Matelane dicht vor der Burg unweit dem Strande.

Da gab die schöne Hilde den Gästen Kleidung mit.
Hei! wie vorm Sitz der Frauen der alte Wate ritt,
Und Jrold und auch Frute, die Herrn aus Dänenlanden!
Viel Schäfte hört' man brechen, die sich da neigten in der Recken Handen.

Es weht' ein leichter Wind her, der Staub ward wie die Nacht,
Die ruhmesreichen Helden, die hatten wenig acht,
Ob sie beschmutzt die Kleider der Frauen wohlgethane.
Sie ritten manchen Buhurt vor Frauensitzen da zu Matelane.

Drum wollte man nicht lassen die edlen Frauen dort,
Man brachte mit der schönen Frau Hilde sie bald fort
Hin nach den weiten Fenstern, den Herrn zur Augenweide,
Bei den vier Königspaaren sah man wohl hundert Frau'n im schönen Kleide.

Die Kunst der fahr'nden Leute zeigt' sich den ganzen Tag.
Wie eifrig jeder dessen, was er nur konnte, pflag'!
Am andern Morgen endlich gleich nach der Messe Zeiten,
Wo man erst Gott gedienet, sah man nunmehr die jungen Ritter reiten.

Was konnte mehr da sein wohl als Freud' und Jubelschall?
Manch' Saitenspiel ertönte oft im Palast und Saal;
Das währt' im vollen Maße bis an den vierten Tag.
Das edle Ingesinde am Hofe selten darum müßig lag.

Da war der Spender einer hin an den Hof gekommen,
Der hatte von den Fahrenden das Streben wohl vernommen,
Daß reich sie werden wollten, dahin sie's wollten bringen.
Darum begann er ernstlich, daß ihm das desto besser möcht' gelingen.

Das war der Vogt von Seeland, die erste Gabe schwang
Er mit den Händen so gern, daß ihm des sagten Dank
Wohl alle, die es sahen und die es drauf gefunden;
Von seinem roten Golde gab da Herr Herwig wohl an tausend
Pfunden.

Es gaben Kleider dazu Verwandte sein und Bann;
Ein Roß mit gutem Sattel gar mancher da gewann,
Wie er sie niemals hatte geritten vor den Zeiten.
Als das Herr Ortwein sahe, begannen sie im Schenken sich
zu streiten.

Der König vom Ortlande gab da so reiches Kleid,
Ob einer solches jemals getragen hat bis heut,
Weiß ich hier nicht zu sagen, noch habe ich's erfunden.
Denn er und seine Degen befanden sich ohn' Kleid in wenig
Stunden.

Es konnte niemand schätzen, wie manches reiche Kleid
Die Herren von Moorlanden, wie man sagt weit und breit,
Verschenkten dort den Fahr'nden nebst Rossen, den sehr guten.
Die sie beschenken wollten, die brauchten gar nichts Größ'res
zu vermuten.

Die Jungen samt den Alten die wurden alle reich,
Da sah man auch Hartmuten, der that es ihnen gleich,
Als ob ihm nichts geraubt wär', dem jungen König hehr.
Man sah ihn so freigebig, daß keiner wohl gegeben hätte mehr.

Denn er und seine Freunde, die ihm gefolgt als Bann,
Und die hier Geisel hießen, wie leicht man da gewann
Von ihnen, was man wollte und was man nur begehrte!
Herr Hartmut mit den Seinen den Leuten gütig es gewährte.

Da wollten sie sich trennen, das Fest ein Ende nahm;
Drauf ließ man Hartmut grade so, wie es ihm zukam,
Vertragen mit den Feinden im Schutze seiner Frauen.
Sie kamen heim viel besser, als einer je sich's möchte wohl
getrauen.

IX. Der Hegelingen Heimfahrt und die vierfache Hochzeit.

Frau Hilde liebevoll da den Scheidegruß empfing,
Als sie und ihre Tochter mit Frau Hildburgen ging
Und allem Ingesinde herab vom Schlosse fern.
Als sie von dannen wollten, nahm Abschied sie von Hartmut
         brauf, dem Herrn.

Drauf hier und da sich küssen man da die Frauen sah.
Von einigen das Scheiden damals also geschah,
Daß sie einander sahen darnach sich niemals mehr.
Geleit gab zu den Schiffen den Scheidenden Ortwein und
         Herwig hehr.

Auch von den andern allen schied Hilde freundlich dann.
Wie reich er war gekommen, des König Herwigs Bann,
So ließ sie ohne Gabe ihn damals doch nicht bleiben.
Wär' einer sonst so milde, so müßte man's als Wunder ihm
         anschreiben.

Frau Gudrun sprach zur Mutter: „Nun sollst du glücklich
         sein.
Laß ruhen jetzt die Toten. Ich und der Herre mein
Wir werden dir so dienen, daß niemals dein Gemüte
Von Kummer sei befangen. Du sollst erfahren Herwigs Güte."

Die Königin drauf sagte: „Viel liebe Tochter mein,
Willst du mir Lieb' erweisen, so soll'n die Boten dein
Dreimal des Jahres kommen zum Land der Hegelingen.
Sonst trau' ich ohne große Unruh' mein Leben hier nicht
         hinzubringen."

Da sprach die edle Gudrun: „Lieb' Mutter, das soll sein."
Mit Lachen und mit Weinen sie, ihre Mägdelein,
Sie gingen, häufig blickend rückwärts, aus Matelane.
Zu Ende war ihr Sorgen. Man sah niemals so wohl-
         gethane.

Da brachte man gesattelt die Rosse wohlgethan,
Um sie und ihre Jungfrau'n zu tragen, schon heran,
Mit goldesroten Zäumen und schmalen Vorderriemen.
Noch länger zu verweilen, schien da den Frauen nicht mehr
          zu geziemen.

Die unvermählt da schieden und ritten nebenbei,
Ich wähn', daß die vom Unmut nicht gänzlich blieben frei,
Als sie von Ortrun schieden und ihren schönen Frau'n.
Wenn einer schöner lebte, wär' auch Frau Gudrun leidig an=
          zuschau'n.

Ortweins Gemahlin Ortrun zu danken da begann
Der edlen Frau Gudrunen, weil nur durch sie gewann
Ihr Bruder, König Hartmut, das Land der Normandie.
„Gott lohn' es dir, o Gudrun; darum zu sorgen hab' ich
          nunmehr nie."

Drauf fing sie an auch Hilden, der Mutter, Dank zu sagen,
Weil sie im Nordenlande die Krone sollte tragen
Beim edlen König Ortwein, daß sie da Herrin hieße,
Worauf die Königin sagte, daß sie sie immer unbeneidet ließe.

Herr Ortwein und Herr Herwig, die schwuren allesamt
Einander stete Treue, daß sie ihr Fürstenamt
Nach ihrer hohen Stellung ruhmreich verwalten wollten;
Daß beide ihre Feinde gefangen nehmen und erschlagen sollten.